W0078313

JEANNE RULAND

Das BUCH der WÜNSCHE & Visionen

Übungen und Impulse
für Manifestation, Intuition
und Schöpferkraft

Schirner
Verlag

Die Ratschläge in diesem Buch sind sorgfältig erwogen und geprüft. Sie bieten jedoch keinen Ersatz für kompetenten medizinischen Rat, sondern dienen der Begleitung und der Anregung der Selbstheilungskräfte. Alle Angaben in diesem Buch erfolgen daher ohne Gewährleistung oder Garantie seitens der Autorin oder des Verlages. Eine Haftung der Autorin bzw. des Verlages und seiner Beauftragten für Personen-, Sach- und Vermögensschäden ist ausgeschlossen.

Wir verzichten auf das Einschweißen unserer Bücher – **UNSERER UMWELT ZULIEBE!**

ISBN 978-3-8434-1410-4

Jeanne Ruland:
Das Buch der Wünsche und Visionen
Übungen und Impulse für
Manifestation, Intuition
und Schöpferkraft
© 2020 Schirner Verlag,
Darmstadt

Umschlag: Elena Lebsack, Schirner, unter Verwendung von #665578489 (©yaalan), #539073022 (©Nuk2013) und #144072169 (©Peter Hermes Furian), www.shutterstock.com
Layout: Elena Lebsack, Schirner
Lektorat: Kerstin Noack & Natalie Köhler, Schirner
Printed by: Ren Medien GmbH, Germany

www.schirner.com

1. Auflage Mai 2020

Alle Rechte der Verbreitung, auch durch Funk, Fernsehen und sonstige Kommunikationsmittel, fotomechanische oder vertonte Wiedergabe sowie des auszugsweisen Nachdrucks vorbehalten

Inhalt

Vorwort

»Im Leben geht es nicht immer darum,
gute Karten zu bekommen, sondern,
mit jedem Satz Karten ein gutes Spiel zu spielen.«
(Robert Louis Stevenson)

Aloha, Schöpfer, Schöpferin der Wirklichkeit, Lebensgestalter, Lebensgestalterin, du bist das Licht in dieser Welt und trägst kreative und schöpferische Kräfte in dir. Als Mensch hast du die Fähigkeit, das Leben zu formen und umzugestalten. Mache dir bewusst: Wir können nicht *nicht* manifestieren. Wir manifestieren mit jedem Gedanken, jedem Gefühl, jedem Wort und jeder Tat. Damit erschaffen wir unsere erfahrbare Wirklichkeit. Alles beginnt mit einem Gedanken, mit einer Idee, die irgendwann einmal erdacht und dann umgesetzt wurde: der Raum, in dem du wohnst, der Stuhl, auf dem du sitzt, das Bett, in dem du schläfst …

Unsere natürlichen gestalterischen Fähigkeiten sind:

Imagination und Vorstellungsgabe	*Gedanken, Bilder, Vorstellungen*
Atmung	*Energielenkung und Energieleitung*
Worte und Töne	*Aussagen, Glaubenssätze, Affirmationen, Überzeugungen, Klang, Gesang, Schwingung*

Gefühle	*Empfindungen, Emotionen, Reize, Sinneswahrnehmungen*
Bewegung und Körperhaltung	*Gesten, Gang, Handlungen*

Schon eine kleine Veränderung unserer Körperhaltung z.B. kann die Energie in unserem Körper verändern. Wir können diese natürlichen Fähigkeiten anwenden, um Harmonie, Freude und Liebe zu erzeugen. Sie versetzen uns in die Lage, den Energiefluss von den höchsten Ebenen bis zur irdischen Ebene herzustellen. Wir sind die Mittler von Himmel und Erde und können den Himmel, aber auch die Hölle erschaffen, da wir alle Schwingungsebenen in uns tragen. Ein Gedanke von uns und unser Glaube sind fähig, mächtige schöpferische Kräfte im Universum in Bewegung zu setzen. Uns ist der freie Willen gegeben, den nur wir selbst ausrichten können. Wir können jede Schwingung des Universums auf der Erde manifestieren. Es gibt keine Grenzen!

Glaube an das Gute, denn dir geschieht nach deinem Glauben!

Wenn du deine gestalterischen Kräfte richtig einsetzt, wirst du ein erfüllendes Leben erfahren und den Plan, nach dem du angetreten bist, vollständig umsetzen. Genau dafür möchte dir dieses Buch Anregungen und Impulse geben. Dabei dienen die Übungen mehr dem Erinnern als dem Lernen, denn alles, was du brauchst, trägst du schon in dir. Möge dir dieses Buch eine Quelle der Inspiration sein. Mögest du dein Leben Richtung Glück lenken und deine Wünsche und Visionen in die Tat umsetzen – für ein glückliches, zufriedenes, erfüllendes Leben. Das wünsche ich dir von ganzem Herzen.

Du bist Schöpfer, Schöpferin deiner Welt an jedem Platz im Universum. Erzeuge vollkommene Schwingungen und Frequenzen. Denn was du aussendest, kehrt zu dir zurück. Was du denkst und fühlst, erschafft deine Wirklichkeit.

Einführung

»Gib zu, du liebst die Hoffnung mehr als die Wahrheit.
Dann besteht noch Hoffnung.
Irgendwann ist die Hoffnung nicht mehr wahr,
weil sie wahr geworden ist.«
(Erich Fried)

Willkommen in der Welt der Schöpfung. Schauen wir uns hier einmal um. Wir werden Hunderttausende Beispiele in Geschichte und Gegenwart finden, die von der schöpferischen Kraft des Menschen zeugen, die uns zu Tränen rühren und uns inspirieren, die uns aber auch schockieren, entsetzen und ungläubig den Kopf schütteln lassen. Jeder von uns kennt Menschen, die in den misslichsten Lagen, die einem das Leben bieten kann, Unglaubliches geschaffen und geleistet haben, weil sie sich in ihrem Innersten sicher waren, weil sie glaubten und von dem überzeugt waren, was sie tief in sich empfingen. Doch auch jeder von uns kennt Menschen, die Gold in Dreck verwandelt haben. Willkommen im Spiel der unbegrenzten schöpferischen Möglichkeiten.

Es gibt Menschen, die unbeabsichtigt in ihre Bestimmung geführt wurden, Menschen, die völlig neue Impulse hervorgebracht haben, die viele andere inspirierten und unsere Welt im Kleinen wie im Großen für immer veränderten. Es gab einflussreiche Frauen und Männer seit Beginn unserer Zeitrechnung, und es gibt sie bis heute: Abenteurer, Legenden, Helden, Heilige, Pioniere, Forscher, Dichter, Denker, Musiker. Persönlichkeiten, die nicht nur gedacht und gelebt haben, sondern auch gehandelt, aktiv umgesetzt, haben. Die für ihr Tun belächelt wurden, die scheiterten und wieder aufstanden, die nicht aufgaben und sich für ihre Sache einsetzten. Denken wir an Sokrates, Jesus Christus, Maria Magdalena, Leonardo da Vinci, Alexander den Großen, Elisabeth I., Franz von Assisi, Albert Einstein, Hildegard von Bingen, Christoph Kolumbus, Goethe, Mozart, den Dalai Lama, Walt Disney, Steve Jobs und viele mehr. Es gab sie zu allen Zeiten. Und sie sind auch jetzt noch mitten unter uns.

 ## Impuls: Was inspiriert dich?

Nimm dir einen Moment Zeit, und frage dich:

- *Welche Person/Personen in der Geschichte inspirieren mich am meisten?*
- *Was an ihr/ihnen berührt und bewegt mich besonders?*
- *Was hat diese Person/Personen bewegt, ihren Weg so zu wählen?*
- *Woher nahm/nahmen sie ihre Inspiration und Kraft?*
- *Wie konnte eine Veränderung durch sie geschehen?*

Nimm ein Blatt Papier zur Hand. Lasse dein bisheriges Leben an dir vorbeiziehen, und notiere dann 5 Personen, die dich persönlich zutiefst inspiriert und damit deine Welt verändert haben.

Notiere Bücher und Filme, die dich nachhaltig prägten und deinem Leben eine neue Richtung gaben, sowie einschneidende Ereignisse, die sich in deinem Leben zugetragen haben.

Notiere Personen, die von dir inspiriert wurden und durch dich eine neue Richtung eingeschlagen haben.

Spürst du es? Die Kraft, die bewegt, inspiriert und verändert, ist nicht nur in einigen wenigen Menschen, sie steckt in jedem von uns. Wir alle tragen göttliche schöpferische Kraft in uns. Die Kraft der Gestaltung und der Umgestaltung wohnt uns inne, so, wie die Kraft der Inspiration, der Erlösung und der Befreiung. Wir sind Schöpfer und können unsere Realität selbst erschaffen.

Auf der anderen Seite gibt es auch Menschen, die ihre schöpferischen Kräfte zwar bewusst eingesetzt haben, die in ihrer Motivation Großes erschaffen wollten, die aber kläglich scheiterten, schmerzlich zerbrachen und nachher nicht mehr in der Lage waren, ihrem Leben eine positive Wende zu geben. Andere wiederum missbrauchten ihre schöpferischen Kräfte. Auch von diesen Menschen können wir etwas über unsere Fähigkeiten lernen.

Woran liegt es, dass einige siegen und andere fallen?
Warum manifestieren sich manche Wünsche und andere zerplatzen?
Warum erfüllen sich manche Träume und andere bleiben unerfüllt?
Wer sind wir? Was leitet uns? Was führt uns?

Es gibt unzählige Wege der Wunschmanifestation. Manche Wege liegen uns mehr, manche weniger, deshalb müssen sie nicht falsch sein. Sie passen vielleicht einfach nicht zu unserem Wesen, sind aber für andere Seelen genau richtig.

Ich möchte dir in diesem Buch einen umfangreichen Einblick in das Wünschen und Manifestieren geben, damit du deinen eigenen Weg im Einklang mit den schöpferischen Kräften des Universums gehen kannst, im Einklang mit deinem Seelenplan. Es gibt nichts Erfüllenderes, als zu leben, wozu wir hergekommen sind. Ich möchte dir Einblick in die Wege der schöpferischen Kräfte, der Wunschmanifestationen geben und dich dazu anregen, deinen eigenen Weg in diesen mannigfaltigen Möglichkeiten zu finden.

Ich selbst habe in meinem Leben schon viele Wenden und großartige Wunder in allen Richtungen erfahren – und den Flow erlebt, der einsetzen kann, wenn ich mich auf eine neue Richtung in meinem Leben konzentriere. Ich habe viele Menschen dazu inspiriert, ihre eigenen schöpferischen Kräfte auszudrücken und kreativ umzusetzen. Es ist meine Bestimmung, die Impulse des Anfangs zu setzen und die Entwicklung, die dann geschieht, zu beobachten und zu genießen. Ich bin unendlich dankbar für dieses einzigartige Leben, für die Führung, die Fügungen und die Liebe des Universums.

 ## Impuls: Die vielen Arten der Schöpfung

Die Schöpferkraft ist jedem Menschen eingeboren. Wir schöpfen immer, da wir nicht nicht schöpfen können. Wir schöpfen und erschaffen mit jedem Gedanken und jedem Gefühl.

Nimm dir einen Moment Zeit, und betrachte, was wir als Menschheit im negativen Sinne erschaffen haben. Betrachte dann, was wir als Menschheit im positiven Sinne erschaffen haben durch unsere schöpferischen Kräfte.

Die Welt, wie sie momentan ist, ist ein Ergebnis menschlicher Schöpferkraft. Alles ist im Prozess. Je mehr wir in die göttliche Natur zurückkehren, desto mehr kann sich durch uns der Himmel auf Erden spiegeln. Wir sind in der Lage, das Paradies wieder zu errichten, wenn wir uns auf unseren Ursprung besinnen und unsere schöpferischen Kräfte im Einklang mit der Quelle einsetzen und anwenden. Nimm dieses Wissen tief in dich auf.

Je größer die Liebe zu uns selbst und zur gesamten Menschheit ist, je mehr wir uns bemühen, das Leben zu segnen und dem Licht in uns zu dienen, desto stärker strömen die Lichtkräfte in uns ein. Unerwartete Wenden und ungeahnte Wunder werden möglich.

Wir alle tragen ein Zentrum des Lichts in uns, das immerwährend göttliche Kraft ausstrahlt. Je mehr wir unsere Aufmerksamkeit auf dieses Lichtzentrum lenken und die allwirksame Kraft in uns anerkennen, desto strahlender wird sie, und der göttliche Plan kann sich in seiner ganzen Fülle verwirklichen.

# Übung: Deine wahre Essenz

»Welche Rollen spiele ich in meinem Leben?
In welcher Rolle bin ich am meisten verhaftet?«
Rollen beschränken. Lege nun alle Rollen ab, und kehre ein in deine
wahre Essenz.

Nimm dir Zeit. Schließe deine Augen, und konzentriere dich für 5 Minu-
ten auf deine wahre Essenz. Auf das ewige Licht in dir. Atme hinein. Las-
se deine wahre Essenz größer und heller werden, lasse sie dich erfüllen
und über deine Körperumrisse hinaus in deiner gesamten Aura erstrah-
len. Lasse deine wahre Essenz durch alle Rollen, durch dein ganzes Sein
strahlen. Du bist mehr als jede Rolle in deinem Leben. Du bist Licht von
Licht. Liebe aus der großen Liebe. Ewiges Sein.

Übung: Wie viel Schöpferkraft lebst du bereits?

Nimm dir einen Moment Zeit, um zu erkunden, wie viel du schon von deinem schöpferischen Potenzial lebst. Dein Körper lügt nie. Er ist ein Barometer, das dir anzeigt, wo du momentan stehst.

Führe deine Hände zum Boden. Konzentriere dich auf dein schöpferisches Potenzial. Frage dich: »Wie viel von meinem schöpferischen Potenzial lebe ich bereits?« Gehe langsam mit deinen Händen vom Boden aus nach oben, und schaue, wo sie von allein stoppen. Nimm dies genau so an, wie es gerade ist. Fühle es. Nun ziehe die Hände langsam weiter nach oben. Spüre den Widerstand, die Muster und alles, was noch auf ihnen lastet. Ziehe die Hände bis ganz nach oben in dein höchstes Potenzial, und spüre, wie viel Wachstum noch in dir steckt. Spüre, wie es sich anfühlt, dein volles Potenzial zu entfalten.

Diese Übung kannst du immer wieder einmal machen. Du wirst bemerken, wie sich dein schöpferisches Potenzial immer weiter entfaltet und entwickelt. Leben ist Wachstum, Entfaltung und Entwicklung. Sei bereit, dich zu entfesseln, zu entfalten und dein lebendiges Potenzial zu leben.

Sage Ja zu dir und zu allem, was noch in dir auf sein Erwachen wartet.

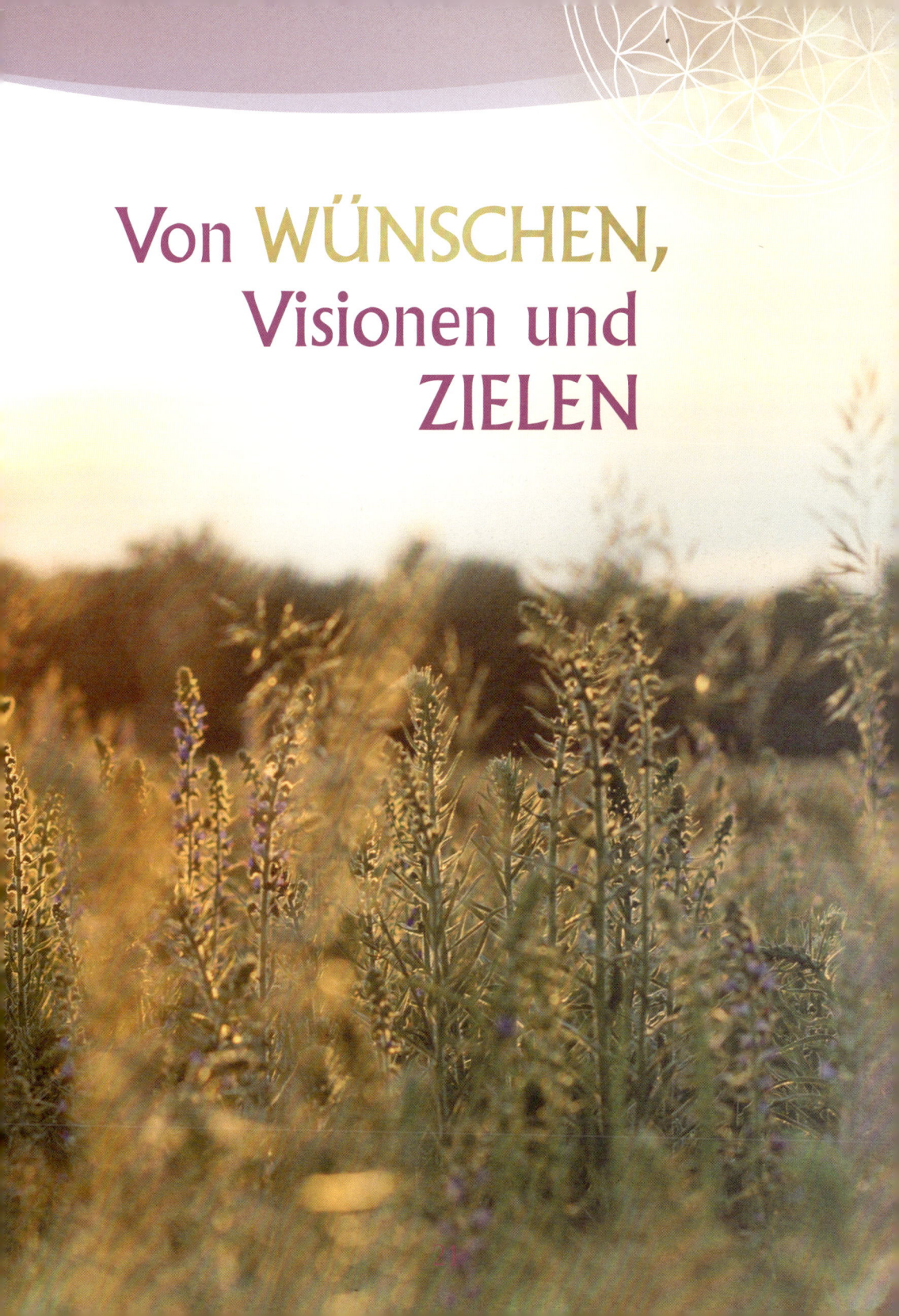

Von WÜNSCHEN, Visionen und ZIELEN

WAS IST EIN WUNSCH?

»Der Wunsch ist der Vater des Gedanken.«
(William Shakespeare)

Der Wunsch drückt ein Begehren, ein Verlangen nach einer Sache aus, die man in seinem Leben haben möchte oder anderen wünscht. Es gibt bewusste und unbewusste, gute und böse, bescheidene, erfüllbare und unerfüllbare, brennende, geheime, große und kleine Wünsche.

Was bedeutet Wunsch für dich?
Welche Wünsche hattest du bereits?
Welche Wünsche hast du dir und anderen bereits erfüllt?
Was oder wer hat die Wunschverwirklichung unterstützt?

Die Farben der Wunscherfüllung sind Rosa, Kupfer und Gold, die geometrische Form eine Kugel. Die Kugel ist die Mutter der platonischen Körper, sie ist rund und kann sich in alles hinein- und überallhin bewegen, um Verbindungen zu schaffen und Energien anzuziehen. Rosa ist die Farbe des Herzens und der Kreativität. Es ist aber auch die Farbe der Selbstliebe und der magnetischen Kraft. Gold ist die Farbe des Segens. Herzkraft und Segen stärken die Wunscherfüllung. Du kannst deine Wünsche in rosa-goldene Kugeln einhüllen. Sie haben dann besonders viel Kraft.

Egowünsche vs. Herzenswünsche

Unterscheide zwischen Egowünschen und echten, reinen Herzenswünschen. Doch was ist das überhaupt?

Egowünsche sind anders motiviert als Herzenswünsche. Sie entstammen dem Ego, stärken die Illusion. Wir können sie, wenn wir genügend Energie zur Verfügungen haben, durchpowern. Wir werden mit ihnen auch bis zu einem gewissen Grad erfolgreich sein, doch die unbewussten Motive des Egos werden auf uns zurückfallen. Das ist Gesetz. Frage dich, welches Motiv hinter deinem Wunsch steht.

- Willst du es jemandem zeigen?
- Willst du etwas beweisen?
- Bist du in Konkurrenz, fühlst Wut oder agierst aus einer Kränkung heraus?
- Möchtest du der Größte und Beste sein aus einem Minderwertigkeitsgefühl heraus?
- Möchtest du mithalten?
- Träumst du den Traum von jemand anderem?

Egowünsche führen nicht in das gewünschte Glück. Sie können jedoch ein Abschnitt auf dem Weg zur Entdeckung der schöpferischen Kräfte in uns darstellen und langfristig in die wahre Bestimmung führen. Alles ist ein Prozess. Da unsere Seele ewig ist, haben wir alle Zeit der Welt und können viele Inkarnationen damit verbringen, uns hier auf der Erde zu erfahren und gegebenenfalls zu verstricken. Wir können Dinge, die wir in einem Leben begonnen haben, in andere Leben mitnehmen und schließlich unsere Träume ins Happy End führen. Bis es so weit ist, sollten wir uns in keinerlei Hinsicht begrenzen und unseren Horizont für ein unlimitiertes, ewiges Bewusstsein öffnen. So bekommt alles einen Sinn.

Bedenke jedoch: Egowünsche gehen nur eine Zeit lang gut. Alles, was wir aussenden, und sei es vollkommen unbewusst, kehrt irgendwann zu uns zurück – in der Schwingung, in der es ausgesandt wurde. Ob in Form eines Schicksalschlags, einer Krankheit oder Ähnlichem, die ursächliche Energie wird immer zum Sender zurückkehren.

Herzenswünsche wollen aus der Illusion hinausführen und das Seelenlicht entfesseln und befreien. Sie sind lichtvolle, heilsame, klare Impulse, die uns von der Quelle gesendet werden, um uns zu erheben, zu führen und zu erfreuen. Unsere wahre Natur ist Glückseligkeit, Freude, Liebe, Frieden und Fülle. Herzenswünsche erquicken unser Sein, offenbaren das wahre Selbst und verstärken die Liebe in uns und in der Welt. Sie dienen dem höchsten Wohle aller. Sie sind im Einklang mit deinem Seelenplan und das, was du tief im Inneren schon immer wusstest und wolltest.

So frage dich: Führt dein Wunsch dich tiefer in die Illusion und verstrickt dich, oder hat er eine befreiende Wirkung?

Um unser schöpferisches Potenzial zu leben, ist es wichtig, uns selbst zu entdecken. In uns zu blicken, zu uns zu kommen und das zu bergen, was unser Herz zum Singen bringt und unserem Geist Flügel verleiht, unabhängig von unserer momentanen Erdensituation.

Wir sind alle keine unbeschriebenen Blätter, sondern tragen Talente, Fähigkeiten und Potenziale in uns, die wir vielleicht schon in anderen Leben erworben haben. Sie zeigen sich in unseren lichtvollen Ahnen und schlummern auch in unseren Adern, wo sie auf ihr Erwachen warten. Doch es gibt auch viele Anschauungen und Überzeugungen, die nicht aus unserem Innersten stammen. Sie sind antrainiert, gehen zurück auf gesellschaftliche Normen, eingehämmerte Glaubenssätze, Werte und Überzeugungen, die uns durch die Medien weisgemacht werden. Sich davon freizumachen, in den innersten Kern, unser wahres Wesen vorzudringen, von der Fremd- in die Selbstbestimmung zu kommen, das ist unsere eigentliche Aufgabe. Viele Menschen brauchen eine Krankheit, Krise oder schwere Lebenslage, um sich auf sich zu besinnen und in die eigene Kraft im Innersten zu kommen. Andere tun dies nach tiefen Erkenntnissen, Offenbarungen oder plötzlichen Eingebungen.

Impuls: Was ist dein Wunsch?

Frage dich unabhängig von allen Lebensumständen, in denen du dich momentan befindest:

- *Was hat mich in dieses Erdenleben gezogen?*
- *Warum bin ich hier?*
- *Was will ich der Erde bringen?*
- *Was ist meine innerste Mission?*
- *Was möchte ich weiterführen?*
- *Was möchte ich für mich in diesem Leben beenden?*
- *Was möchte ich Neues erschaffen?*
- *Was gefällt mir hier in dieser Verkörperung?*
- *Was ist meine Passion? Wofür brennt mein Herz wirklich?*
- *Was wollte ich schon als Kind?*
- *Was liegt mir am Herzen?*
- *Wenn ich tun und lassen könnte, was ich wollte, was würde ich tun?*

Versuche, diese Fragen nicht mit dem Verstand zu beantworten, sondern intuitiv, spielerisch, kreativ, aus dem Zentrum deines Herzens. Du kannst ungewöhnliche Aussagen treffen. Auch wenn Dinge kommen, die für deinen Verstand und deinen inneren Kritiker eigenartig sein mögen, so lasse stehen, was aus dir kommt, ohne Wertung, frei und unbedarft wie ein Kind, das spielt und sich alles ausmalen kann. Manche Dinge offenbaren sich uns erst später.

Herzenswünsche werden wahr, indem wir uns ihrer bewusst werden. Sie sind im Einklang mit unserem Lebensplan und erfüllen uns in unserem Dasein. Sie mehren unsere Energie und unsere Strahlkraft und versetzen uns in eine höhere – ja, paradiesische – Schwingung.

Frage dich: Was möchtest du wirklich, ganz Tief aus deinem Inneren heraus leben?

Wenn du einen Wunsch, eine Vision, ein Ziel hast, untersuche ihn/sie auf bewusste und unbewusste Motive: Gibt es unbewusste Motive in dir, die diesen Wunsch, diese Vision ausgelöst haben?

 ## Übung

Lege deine Hände auf dein Herz. Werde dir deines Wunsches bewusst, und lasse ihn stärker werden. Halte ihn in deinem Herzen, bewege ihn hin und her. Mit dieser Geisteshaltung stellst du eine Verbindung zur universellen Energie her. Schalte auf Empfang! Öffne dein Herz weit! Lasse geschehen! Bade in deinem Wunsch. Achte auf die Gefühle, die er in dir auslöst. Weite, Liebe, Glückseligkeit, Freude …

Komme zurück mit der Gewissheit: Dies oder noch etwas viel Besseres geschieht jetzt in deinem Leben.

Nimm jede Schulung – damit sind Dinge gemeint, die du gerade nicht ändern kannst, die dir das Leben auferlegt – mit Geduld und Dankbarkeit an, denn sie dient der Entwicklung und der Entfaltung bestimmter Kräfte, die du vielleicht erst im Nachhinein erkennen wirst. Unsere

Schöpferkraft kann sich positiv entfalten, wenn das kleine Ich sich dem großen ICH BIN in uns unterordnet und unsere Wünsche und Visionen aus dem Herzen kommen, um unser wahres Licht zu entfesseln.

»Alles im Universum ist Schwingung,
Frequenz und Energie.«
(Nikola Tesla)

Konzentriere dich mehr auf die Frequenz und die Schwingung, die du dir in deinem Leben wünschst, als auf das äußere Erscheinungsbild deines Wunsches. Auf diese Weise erzeugst du eine Resonanz in der Welt und eine Kraft, die alles, was in dieser Schwingung ist, zu dir zurückträgt. Achte immer auf die Schwingungen und Frequenzen, die du ausstrahlst.

Was vom Herzen kommt, wird mit dem Herzen im Einklang sein.

Also: Überprüfe deine Visionen, deine Wünsche und Träume immer mit dem Herzen. Überprüfe deine bewussten und unbewussten Motive. Was von Herzen kommt, ist im Einklang mit dir!

WAS IST EINE VISION?

Eine Vision ist ein übernatürliches Erscheinungsbild, eine Vorstellung von etwas, was in der Zukunft liegt und was man in die Wirklichkeit bringen kann. Eine Vision ist eine mögliche Vorstellung von der Zukunft. Sie kann uns aus den höchsten Lichtebenen eingegeben werden und ganz plötzlich auftreten. Durch bewusste Ausrichtung können wir uns für sie öffnen. Das Wort »Vision« stammt aus dem Lateinischen (*videre* = sehen) bzw. dem Französischem (*vision* = Traum, Anblick, Erscheinung, zukünftige Entwicklung, zukünftiger erstrebenswerter Zustand). Für die Ureinwohner Amerikas sind Visionen prophetische Verbindungen zur Zukunft und der Dialog mit dem Schöpfer. Vision bedeutet auch Sammlung und die Besinnung auf die Natur und auf das Innere. Wenn wir für einige Zeit auf Visionssuche gehen, heißt das, wir verbringen Zeit allein an einem Kraftort in der Natur.

- Was bedeutet Vision für dich?
- Welche Visionen hattest du bereits?
- Welche Visionen hast du bereits in deinem Leben umgesetzt?
- Was oder wer hat dir geholfen, die Vision zu finden und zu verwirklichen?

Die Farben der Vision sind die des Regenbogens. Visionen sind bunt und vielfältig. Sie sind wie das Leben und die Natur selbst. Sie verbinden Himmel und Erde und eröffnen uns die geistige Sicht hinter der materiellen Form. Sie zeigen uns, dass wir den Himmel auf Erden verwirklichen können, wenn wir unserer Vision Raum, Aufmerksamkeit und Zeit schenken. In Visionen erkennen wir den kreativen und schöpferischen individuellen Ausdruck, den wir als Menschen in uns tragen.

Nimm dir Zeit und Raum, und schreibe deine Vision von einem lebenswerten und erfüllten Leben mit all deiner Fantasie ausführlich auf. Wie sollte es sich anfühlen? Wie sollte es sein?

WAS IST EIN TRAUM?

»Ihr seht und sagt: Warum?
Ich aber träume und sage: Warum nicht?«
(George Bernard Shaw)

Der Traum wird mit dem Träumen in der Nacht verbunden. Er besteht aus Vorstellungen, Bildern, Ereignissen und Erlebnissen. Im Traum sucht unsere Seele nach Lösungen und Auswegen aus Situationen. Der Traum ist eine besondere Form des Bewusstseins. Er ist umfassender und weitreichender und korrespondiert mit der Seele. Einen Traum zu haben, bedeutet, Ideale und Ziele zu besitzen.

- Was bedeutet Träumen für dich?
- Welche Träume hattest du bereits?

- Welche Träume haben sich verwirklicht?
- Was hat die Traumverwirklichung unterstützt?

Die Farben des Traums sind Türkis und Blau wie der Sternenhimmel. Türkis ist eine Farbe des Energieflusses und die Farbe unserer Seelenkraft. Träume sind oft Botschaften unserer Seele. Diese will uns führen oder das Gleichgewicht und die Balance in uns wiederherstellen. Türkis befreit und führt in einen stetigen Energiefluss. Alles schwingt. Unsere Träume werden sich verwirklichen, wenn wir aus ihnen erwachen.

WAS IST EINE OFFENBARUNG?

Eine Offenbarung ist eine göttliche Eingebung. Sie kann in einem Moment der tiefen Hingabe an Gott zu uns kommen, durch einen Traum oder ein ungewöhnlich starkes oder außergewöhnliches Erlebnis. Der Mensch, der eine solche Offenbarung erlebt, kann nicht anders, als wahrhaftig nach ihr zu handeln, da er so von ihr erfüllt ist. Sie ist eine der seltenen Formen der Lebensplanerfüllung.

Was verbindest du mit einer Offenbarung?

Die Farbe der Offenbarung ist strahlendes helles Weiß mit etwas Gold. Weiß ist die Allverbindung und die direkte Beziehung zur Quelle – sozusagen die Internetverbindung zu Gott persönlich. Wer eine Offenbarung erlebt, kann nicht anders, als ihr zu folgen, da er die Wahrheit, Klarheit und Reinheit der Quelle spürt und ihr wahrhaft folgen möchte.

WAS IST EIN ZIEL?

Wenn du ein Ziel verfolgst,
dann bewegst du dich von A nach B.
Mit deiner Fantasie kommst du jedoch
augenblicklich überallhin.
Vergiss vor lauter Zielen und To-dos nicht,
Raum für das Unerwartete zu lassen.

Ein Ziel ist eine klare, konkret formulierte Absicht. Mit festem Willen und Entschlossenheit, zielorientierten Handlungen, Ausdauer, Rhythmus und Durchhaltevermögen können wir fast jedes Ziel erreichen. Ein Ziel vor Augen hilft uns, unsere Lebenskraft zu bündeln. Es gibt uns eine Richtung und einen Weg vor, der zum gewünschten Ergebnis führt. Das Verfolgen von Zielen kann uns über uns hinauswachsen lassen.

Wir können aus unseren Visionen und Wünschen Ziele formulieren und gestalten. Schreibe deine Wünsche auf, und formuliere klare, konkrete Ziele. Scheue dich nicht, dir professionelle Hilfe zu suchen wie einen Coach, einen Ernährungsberater usw., um deinem Ziel Nachdruck und Kraft zu verleihen.

Notiere zum Beispiel:
Mein Wunsch: Ich möchte gesund und vital sein.
Mein Ziel: Ich werde 10 kg abnehmen, indem ich zweimal in der Woche Sport treibe und meine Ernährung umstelle.
Zutaten: Dazu benötige ich … (Wer oder was kann mir helfen?)
Mein Plan: Ich erstelle folgenden Plan, um mein Ziel zu erreichen.

Die Farbe der Zieleingabe ist Blau mit Gold im Zentrum. Blau ist die Farbe des Universums. Es beruhigt und führt nach innen. Es aktiviert die göttliche Führung und den göttlichen Schutz. Gold ist das Ziel, Blau ist aus geistiger Sicht die Farbe der Navigation. Als Schöpfer haben wir die Kraft, uns immer wieder neu auszurichten, den Kurs zu korrigieren und unseren Ängsten und Blockaden etwas entgegenzustellen, sodass wir wählen können. Dies ist besonders wichtig, wenn wir in eine Situation geraten, in der wir blockieren oder gar von unserem Ziel abkommen könnten.

Die Geometrie des blauen Strahls ist eine gerade Linie. Aus geistiger Sicht wirken im blauen Strahl die göttlichen Mächte, z. B. Erzengel Michael. Wenn du von A nach B kommen möchtest, so nimm dir Zeit. Halte für einen Moment inne. Schließe deine Augen, und visualisiere dein Ziel. Sieh dich dort ankommen, wo du ankommen willst. Halte das Bild, und male es dir aus. Wie fühlt es sich an, dein Ziel zu erreichen? Was hörst du? Was schmeckst du? Welche Gefühle steigen in dir auf? Hülle diese Vorstellung in eine blaue Kugel. Sieh eine gerade Linie, die dich vom jetzigen Augenblick geradewegs in deine Zielvorstellung trägt.

DER WEG IST DAS ZIEL!

Aus Visionen, Träumen und Wünschen werden Ziele. Sie helfen uns, einen Plan zu erstellen, aktiv bestimmte Schritte zu unternehmen und damit unsere Visionen und Wünsche zu verwirklichen. Indem wir ein Ziel in unser kosmisches Navigationssystem eingeben, kann dieses uns dorthin führen, auch wenn wir selbst immer nur den nächsten Schritt sehen können.

Der Weg ist das Ziel. Wenn wir unser Ziel eingegeben haben, so beginnt es, auf den unsichtbaren wie auf den sichtbaren Ebenen zu wirken. Daraus ergibt sich nicht immer ein gerader Weg, sondern unter Umständen ein Weg, der über Umwege, Prüfungen und Korrekturen zum gewünschten Ergebnis führt.

Überlege einmal, wie viele Ideen, Absprachen und Möglichkeiten wohl im Himmel wie auf Erden koordiniert werden müssen, damit ein Treffen stattfinden kann, damit Menschen zusammengeführt werden können, die dieselbe Zieleingabe vorgenommen haben. So gibt es auf dem Weg zum Ziel immer Phasen des aktiven Handelns, Phasen des Geschehenlassens, Phasen des Vertrauens, Phasen des Prüfens. Wenn ein Same gesetzt wurde, dann können wir darauf vertrauen, dass er wächst. Wir können die Samen im Auge behalten. Manchmal müssen wir gießen, manchmal Unkraut zupfen oder Tiere, die die aufkeimende Saat essen wollen, von ihrem Vorhaben abhalten. So ähnlich verhält es sich auch mit dem Weg zum Ziel. Fixiere dich auf deinem Weg nicht, sondern weite deinen Blick, und genieße jeden Moment. Genieße, wie deine Kinder aufwachsen, genieße deine Partnerschaft und deine Freundschaften, genieße die kleinen Augenblicke der Liebe und des Segens, die das Leben so lebenswert machen. Bleibe beweglich, flexibel und verbunden mit dem, was dir in deinem Herzen lieb und teuer ist, und trotzdem auf deinen Weg und auf dein Ziel gerichtet. Entspannt, locker, vertrauensvoll und in froher Erwartung des Erreichen des Ziels.

»Tue zuerst das Notwendige, dann das Mögliche,
plötzlich schaffst du das Unmögliche.«
(Franz von Assisi)

Genieße den Weg der Zielverwirklichung! Lasse dich führen! Vertraue auf deine Intuition! PESA! Perfekt entfaltet sich alles.

Am Ende des Lebens wird dein Herz mit einer Feder aufgewogen. Ist es leicht und froh, kann es in die Lichtebenen aufsteigen. Ist es schwer wie Blei, wird es eine weitere Runde drehen müssen. Bleibe im Herzen zentriert, sei dir selbst treu. Genieße Tag für Tag dieses einzigartige Leben. Der friedliche Weg ist auf der Erde manchmal der längere Weg, doch auf der geistigen Ebene ist er der schnellere Weg nach Hause. Manchmal führen Umwege rascher zum Ziel. Lasse dich im Herzen führen.

KLEINE BESTANDSAUFNAHME

Beantworte die folgenden Fragen am besten schriftlich in einem Notizbuch oder auf einem schönen Blatt Papier. Deine Antworten geben dir Auskunft über deinen Ist-Zustand und helfen dir, dir deine wahren Ziele bewusst zu machen.

- Alter:

- Beruf:

- Berufung (Wozu fühlst du dich berufen?):

- Hobbys:

- Familie/Kinder:

- Was habe ich bisher in meinem Leben erreicht? Was ist geschafft?

- Womit bin ich zufrieden?

- Wo sitzt ein Schmerz?

- Was kann verbessert werden?

- Lebenssituation (Beschreibe deine momentane Lebenssituation so genau wie möglich):

- In welcher Lebensphase befinde ich mich?

- Welche Partnerschaften lebte ich bisher in meinem Leben?

- Was sind typische Familienthemen in meinem Leben?

- Wie ist es um meine finanzielle Situation bestellt (Einkünfte/Kredite/Rechnungen)?

- Wie steht es um mein Erbe (Schulden oder Vermögen)?

- Welche Ausbildungen habe ich absolviert?

- Welche Weiterbildungen habe ich gemacht?

- Was sind meine familiären Aufgaben (z. B. Kindererziehung, Pflege)?

- Welche Lebensbereiche habe ich schon nach meinen Wünschen gestaltet?

- Welche Lebensbereiche dürfen gewandelt werden?

- Wo und in welchen Lebensbereichen wiederholen sich Muster immer und immer wieder? (Beschreibe sie ganz genau.)

- Was sende ich aus in Gedanken, Worten und Taten?

- Was sind meine tiefsten Glaubenssätze und meine Überzeugungen?
  In Bezug auf mich selbst:
  In Bezug auf andere:
  In Bezug auf die Gesellschaft:

- Woran zweifle ich und womit hadere ich?

- Woran halte ich fest?

- Welche Menschen tun mir gut und sind wirkliche Freunde?

- Welche Menschen tun mir nicht gut? Warum halte ich an ihnen fest?

- Was ist in meinem Leben abgeschlossen und beendet?

- Was ist gerade im Prozess, in der Entwicklung und wie lange schon? (z. B. Kredite, Ausbildungen)

- Was möchte ich neu in meinem Leben entfalten?

- Was sind meine Gaben? Was sind meine Fähigkeiten und Talente? (Was hast du als Kind schon gern gemacht?)

- Was sind meine Wünsche und Visionen?

- Was sind meine Ziele?

- Auf welches Thema reagiert mein Körper positiv?

- Was will mein Herz?

- Wie will ich die Welt besser machen?

- Was würde ich tun, wenn ich keine Angst hätte?

- Wie fühle ich mich in meinem Leben?

- Welche Schwingungen und Frequenzen strahle ich gerade in die Welt?

- Welche Schwingung will ich aktiv und kraftvoll aus dem Zentrum meines Herzens in die Welt ausstrahlen?

- Was hilft mir? Was kann mich unterstützen?

- Sonstiges:

- Motto (Betrachte deine momentane Lebenssituation. Wenn du diese in ein Motto fassen oder sie in drei Wörtern beschreiben würdest, was wäre es?):

Impuls: Übernimm zu 100 % Verantwortung für dein Leben

Übernimm Verantwortung für alles, was in deinem Leben geschehen ist und geschieht. Nimm das Leben in deine liebenden Hände. Solange du es in den Händen anderer belässt, wirst du Opfer sein und bleiben. Ein Teil deiner Lebensenergie ist dann gebunden und steht dir nicht für größere schöpferische Vorgänge zur Verfügung. In dem Moment, in dem du dein Leben vollkommen in deine Hände nimmst, kannst du mit der Transformation und Erlösung gebundener Energien und mit der Gestaltung deines Lebens beginnen. Alles, was wir aussenden, kehrt zu uns zurück. Die karmischen Wellen fließen.

Bist du bereit, 100 % Verantwortung für dein Leben zu übernehmen? Halte einen Moment inne. Nimm einen tiefen Atemzug. Nimm dein Leben nun bewusst vollkommen in deine Hände, vom ersten Moment an bis heute, und sprich die folgende Affirmation regelmäßig. Damit ist ein großer Schritt in die eigene Schöpferkraft getan.

Affirmation:
»ICH übernehme zu 100 % Verantwortung für mich selbst. Ich nehme mein Leben in meine liebenden Hände. Ich achte und liebe mich selbst. Ich vertraue auf mich. Ich liebe das Universum, und das Universum liebt mich.«

DEINE WÜNSCHE UND ZIELE IN DEN EINZELNEN LEBENSBEREICHEN

Nimm dir nun Zeit zu träumen, und schreibe zu jedem Thema deine Wünsche und Visionen auf. Welche Lebensbereiche sind im grünen Bereich? Wo kannst du Heilung bringen und Verbesserung schaffen? Wenn du dir deine Wünsche und Visionen bewusst machst, lenkt dies deine Aufmerksamkeit auf dein Ziel. Mit diesem Ziel vor Augen gelingt dir jede Form der Manifestation leichter, und du kommst der Erfüllung deiner Wünsche einen großen Schritt näher.

Persönliches Wohlbefinden: ....

Gesundheit: ....

Glück: ....

Herkunftsfamilie: ....

Familie/Kinder: ....

Partnerschaft: ....

Freundschaft: ....

Wohlstand/Fülle: ....

Erfolg: ....

Karriere: ....

Kreativität: ....

Eigene Projekte: ....

Ruhm/Ehre: ....

Reichtum/Finanzen/Besitz: ....

Erbe/Hinterlassenschaft: ....

Werte: ....

Gaben/Talente: ....

Selbstwert/Selbstliebe: ....

Allgemeinwohl/mein Beitrag für die Gesellschaft: ....

Impuls: Schließe einen Vertrag mit dir selbst!

Verpflichte dich dir selbst gegenüber. Du bist es wert, dass du dich in den Fokus nimmst. Ein Vertrag mit dir selbst ist eine Möglichkeit, dies zu tun. Notiere Folgendes:

»Während eines Zeitraums von … (mindestens 28 Tagen, höchstens 41 Tagen) übernehme ich … (dein Name) die volle Verantwortung für mich selbst, meine Gedanken, meine Gefühle, meine Handlungen, mein Potenzial und meine Talente, für meine Visionen und meine Wünsche. Ich werde immer mehr der bewusste Schöpfer/die bewusste Schöpferin meines Lebens. Ich beabsichtige, meine schöpferischen Kräfte zu meinem Wohle und zum Wohle der Gesamtheit anzuwenden, meine Visionen in Freude und Leichtigkeit zu manifestieren. Ich nehme mir jeden Tag Zeit für mein persönliches Wachstum und meine persönliche Weiterentwicklung. Ich tue dies in Liebe und Freude.

Ich vertraue auf mich selbst!
Ich segne die Gegenwart!
Ich erwarte das Beste!

… (Datum)
… (Unterschrift)«

Impuls: Bestimme deine eigenen Grundregeln

Lege fest, an welche Regeln du dich ab sofort halten möchtest, und schreibe sie auf ein Blatt Papier. Hier sind ein paar Beispiele:

- *Ich werde mich selbst loben, anerkennen und wertschätzen.*
- *Ich verzichte auf jede Art von Selbstkritik.*
- *Ich werde positiv und wohlwollend von mir denken und über mich reden.*
- *Ich werde bewusst beobachten, was ich denke und fühle, und es zum Positiven verändern.*
- *Ich möchte Spaß haben, spielen und tanzen.*
- *Ich beschließe, eine echte Veränderung in meinem Leben herbeizuführen.*
- *Ich beschließe, ein erfüllendes Leben zu führen.*
- *Ich nehme vollständig an, was ist. Ich nehme mich vollständig an, wie ich bin.*

Hänge deine Verpflichtung dir selbst gegenüber gut sichtbar auf, sodass dein Blick dich täglich, wenn er darauf fällt, an diese Regeln erinnert.

Impuls: Nimm dir jeden Tag mindestens 30 Minuten Zeit nur für dich!

Selbst in schweren Zeiten ist es sehr hilfreich, sich für mindestens 30 Minuten täglich auf Glück, Freude und die eigene Lebensplanerfüllung auszurichten. So kannst du jederzeit sicher aus dem Tal der Dunkelheit ins Licht zurückfinden.

Werkzeuge der MANIFESTATION von WÜNSCHEN und VISIONEN

- die Grundkräfte der Manifestation
- die Stufen der Manifestation
- Affirmation und Afformation
- Gebet/Fürbitte
- die Magie des weißen Blattes
- die Visionstafel
- Energieanhebung

DIE GRUNDKRÄFTE DER MANIFESTATION

Die Grundkräfte der Manifestation sind Imagination, Gedanken und Gefühle, Visualisierungs- und Vorstellungskraft und Einheitsgefühl.

Imagination: Alles, was du dir vorstellen kannst, kannst du manifestieren!

Gedanken und Gefühle: Ändere deine Einstellung, wenn du die Situation nicht ändern kannst. Energie folgt der Aufmerksamkeit.

Visualisierungs- und Vorstellungskraft: Unsere Seele denkt in Bildern. Indem wir positive Bilder, die uns gute Gefühle schenken, in unserem Inneren erzeugen, betrachten und mit ihnen arbeiten, stärken wir unsere Intuition und unsere Seelenkraft. Je besser wir darin werden, Bilder

der Vollkommenheit, der vollkommenen Lösung, in uns aufrechtzuerhalten, desto besser können sich unsere Wünsche und Visionen erfüllen. Viele Menschen schaffen es nicht, vollkommene Bilder langfristig zu halten. Negative Bilder und Gefühle gewinnen immer wieder die Oberhand. Dadurch manifestieren sie Unglück und Krankheit. Wann immer du bemerkst, dass du in einem negativen Gefühl oder Bild festhängst, sage sofort Stopp. Klopfe oder stampfe auf, und verlasse das negative Gefühl oder das Bild augenblicklich. Nutze sofort deine schöpferischen Kräfte, um in ein gutes Gefühl, in ein gutes Bild zu wechseln.

Einheitsgefühl: Wir alle sind eingebettet in ein großes Feld. Wir sind in diese Einheit geboren, es gibt keine Trennung. Lerne, dich eins mit allem zu fühlen. Mit allen Menschen, mit allem Leben, nicht nur mit diesem Planeten, sondern als Teil des großen Ganzen, des universalen Lebens. Wir können uns nicht aus dieser Einheit herauslösen. Selbst wenn wir glauben, wir würden alles hinter uns lassen und wir könnten uns herauslösen, so ist dem nicht so. Wir bekommen eine neue Rolle im Ganzen, etwa die des Außenseiters. Wenn wir hingegen unseren Platz einnehmen, brauchen wir nichts anderes zu tun, als wir selbst zu sein, und können alles, was in uns hineingelegt wurde, mit der Welt teilen. So findet das, was wir zu sagen und zu geben haben, Anklang und Widerhall. Was wäre ein Musiker ohne sein Publikum? Das Gefühl der Einheit darf jetzt immer stärker in dir werden. Es gibt nur ein großes Ganzes, von dem alles Leben und jeder Lebensstrom ein Teil ist. Jedes Gefühl und jeder Gedanke ist Schöpfung. Sorge dafür, dass höhere Schwingungen und Frequenzen durch dich in dieses Leben strömen.

DIE STUFEN DER MANIFESTATION

Du bist Schöpfer an jedem Platz im All,
genau dort, wo du dich jetzt befindest.
Ob du etwas Vollkommenes oder Unvollkommenes denkst,
etwas Positives oder Negatives,
der Kraftaufwand ist der gleiche.

Bevor du mit dem Manifestationsprozess beginnst, mache dir bewusst, dass du jederzeit Zugang zur göttlichen Quelle hast. Wenn sich Sorgen und Zweifel an der Erfüllung deines Wunsches in deine Gedanken drängen sollten, so kannst du sie unverzüglich mit folgender Kurzübung auflösen:

Kurzübung

Erkenne unverzüglich die göttliche Quelle an, und verbinde dich mit ihr. Öffne dich für den Strom des Lichts und der Liebe, der immer da ist. Öffne deine Hände nach oben, und fühle, wie diese Energie in dich einströmt und alle dunklen Wolken augenblicklich auflöst.

Erste Stufe der Manifestation

Du hast Wünsche und Visionen, die du in deinem Leben manifestieren willst. Nimm dir Zeit, sie dir ganz bewusst zu machen. Wenn du nur eine vage Ahnung davon hast, was du willst, mache zuerst die Übung »Die Magie des weißen Blattes« (S. 73). Schreibe alles, was du dir wünschst, stichpunktartig auf, und überlasse es dem Universum, das für dich Passende zu offenbaren. Prüfe dann deine Intentionen und die tieferen Hintergründe.

Was liegt deinen Wünschen und Visionen zugrunde?
- Trieb
- Begierde oder Gier
- ein schlechtes Gewissen
- alte Ahnenmuster
- die Suggestion der äußeren Welt
- eine besondere Laune
- Gehen sie auf Kosten anderer?
- Sind sie an jemanden gekoppelt?
- Sind sie eine Kampfansage, oder dienen sie der Liebe?
- Binden sie dich, oder machen sie dich frei?
- Willst du etwas beweisen?

Wünsche sollten …
- deine Fähigkeiten und Talente zum Leuchten bringen.
- aufbauend und positiv sein.
- dich wirklich im Inneren glücklich machen.
- deine Zeit und deinen Energieaufwand wert sein.
- deine Seele erfreuen und erquicken, schon beim Gedanken daran.
- rechtschaffen sein.
- deine Seele befreien und dein Licht entfesseln.
- dich dazu anregen, in deine wahre Essenz zu erwachen.
- ein Segen für dich und die Welt sein.
- dich zum Strahlen bringen.
- Freude, Liebe, Frieden und das Licht mehren.
- Glück und Fülle herbeiführen.

Du selbst bestimmst, was du in deine Welt hereinlassen und was du daraus entfernen möchtest. Alle Kraft kommt von innen. Du gibst den Ereignissen deine Macht und Kraft oder entziehst sie ihnen.

Zweite Stufe der Manifestation

Schreibe nun deinen konkreten Wunsch, deine konkrete Vision auf. Kurz, klar und prägnant. Damit erschaffst du die erste manifestierte Form des Wunsches und fixierst den Wunsch dauerhaft in dieser Welt.

Dritte Stufe der Manifestation

Das Denken ist der Vater, das Fühlen die Mutter,
die Manifestation der Form das Kind.

Nimm dir Zeit, deine Wünsche und Visionen zu visualisieren. Wenn du dir in deinem Geist einen Wunsch, eine Vision, die oder den du erfüllt haben möchtest, bewusst bildhaft vorstellst, so benutzt du eine der größten Kräfte im Universum. Noch nie kam irgendwo eine Form in das Dasein, die nicht zuvor als Bild in der Gedankenwelt eines Wesens vorhanden gewesen ist. Jeder Gedanke enthält eine Idee, ein Bild, eine Vorstellung. Du kannst ein Bild malen oder eine Zielcollage basteln, sodass du die Bilder tatsächlich vor Augen hast. Überprüfe deine Wünsche und Visionen. Du kannst jederzeit eine Kurskorrektur vornehmen, sie noch klarer und präziser auf den Punkt bringen und sie verändern.

Reserviere dir täglich eine Zeit, in der du deine Zielcollage betrachtest oder deinen Wunsch, deine Vision visualisierst. Damit bündelst du die Lichtenergie, gibst ihr eine Richtung und erschaffst eine Schwingung, die weit in das Universum ausstrahlt. Tue dies mindestens eine ganze Mondphase lang (21–28 Tage). Diese Zeit braucht es, um ein neues Muster in uns zu aktivieren.

 # Übung

Schließe deine Augen. Lege deine Hände auf dein Herz. Stelle dir deinen Wunsch oder deine Vision vor, male ihn/sie dir so bildhaft wie möglich in seiner/ihrer vollkommenen Form und Wirksamkeit aus. Wir alle haben die gottgegebene Gabe, vollkommene Bilder zu erschaffen, die Kraft zu fühlen und zu erleben und dabei Schwingungen und Frequenzen zu erzeugen, auf die das Universum antworten wird. Halte die Vision so lange, bis du merkst, dass sie »Funken schlägt«. Es wird einen Moment geben, in dem du wahrnimmst: Jetzt ist etwas übergesprungen, jetzt geschieht es. Es ist ein sicheres Gefühl, ein Lichtmoment. Im übertragenen Sinne gesprochen: Halte die Lupe so lange in die Sonne, bis das erste Glimmen das Feuer entfacht. Es wird nichts nutzen, wenn du die Lupe unruhig hin- und herbewegst oder sie zu kurz in die Sonne hältst. Auch nicht, wenn du dies an 30 Tagen hintereinander tust.

Vierte Stufe der Manifestation

Achte auf Traumbotschaften, klare, lichtvolle Impulse und Eingebungen. Wenn du klare Impulse erhältst, so folge ihnen. Sie kommen aus der göttlichen Inspiration und dienen dazu, deine Visionen in die Tat umzusetzen.

Wichtig: Sprich mit niemandem über diese Impulse. Wenn du eine Vision gemeinsam mit deinem Partner manifestierst, so vereinbart, mit niemand anderem darüber zu sprechen. Dies ist sehr wichtig. Durch die geistige Schau werden Kräfte erzeugt, gesammelt und aktiviert. Diese können durch voreilige Mitteilungen zerstreut und entkräftet werden. Erlaube niemandem, Einfluss auf deine heilige Energie zu nehmen. Du kannst die Geistige Welt bitten, einen Schutzmantel des Friedens und des Schweigens um dich zu legen, solange es notwendig ist.

Fünfte Stufe der Manifestation

Erlebe das Wunder der Manifestation. Es wird geschehen, denn du bist göttliches Licht in Tätigkeit. Alles, was wir manifestieren wollen, basiert auf einer aktiven, bewussten und wachen, klaren, reinen Energielenkung. Während der Manifestationsprozess läuft, der sichtbare und unsichtbare Ebenen hat, beachte Folgendes:

- Beobachte deine Gedanken und Gefühle.
- Löse unbewusste Überzeugungen und Selbstblockaden auf.
- Erlaube dir, unbegrenzte Möglichkeiten zu haben, schränke dich nicht selbst ein.
- Mache kleine Schritte auf große Ziele zu, und genieße das positive und wunderbare Gefühl, das sich dabei einstellt.

Übung: Die Lichtsäule –
Himmel und Erde
miteinander verbinden

Wir Menschen sind in der Heiligen Geometrie aufgebaut. Unser Körper ist der Tempel der Seele und verbunden mit allen Ebenen und Dimensionen des Geistes. Wir sind Schöpfer und können einen reinen Lichtkanal bilden, indem wir die Schwingungen des Paradieses in uns auf der Erde manifestieren. Es ist eine spielerische und sehr effektive Übung, die drei Bewusstseinszustände – Überbewusstsein, Bewusstsein und Unterbewusstsein – in Einklang zu bringen. Wenn diese drei Ebenen im Einklang schwingen, kann sich jede Schwingung aus den höheren Ebenen auf der Erde manifestieren. Alles darf leicht, freudvoll und spielerisch sein!

**GEIST: Der Gedanke ist der Vater der Schöpfung –
die Skizze, der Plan**
Konzentriere dich auf die Zirbeldrüse im Zentrum deines Kopfes. Öffne dich 360 Grad nach allen Seiten, sodass du vollkommen mit deinem Hohen Selbst, mit deiner höheren Führung verbunden bist. Atme zum Kronenzentrum ein und in die Zirbeldrüse aus. Spüre die Ausdehnung des Lichts. Halte deinen Wunsch, deine Vision im Zentrum der Zirbeldrüse. Dehne den Wunsch, die Vision immer weiter aus. Hier nimmt das Licht die erste Form an. Es ist, als ob du eine Skizze entwirfst, einen Plan erstellst, der sich mit deinem Höheren Selbst, das deinen Lebensplan kennt, vollkommen deckt und der mit ihm im Einklang schwingt.

**HERZ: Das Herz ist die Mutter, die die Schöpfung empfängt –
der Lebensatem**
Nimm nun deinen Wunsch, deine Vision in deiner Vorstellung aus dem Geist in dein Herz. Stelle deine Füße zusammen, und breite die Arme aus. Du stehst nun im Kreuz, in der Quadratur. Atme zum Kronenzen-

trum, zu den Handflächen und zu den Fußsohlen gleichzeitig ein, und dehne mit dem Ausatmen das Licht deines Herzens aus. Spüre, wie dein Wunsch anfängt, zu pulsieren. Es ist, als würdest du ihm Leben einhauchen, ihn lebendig werden lassen in Schwingung und Farbe. Spüre die Freude in deinem Herzen, während du deinen Wunsch, deine Vision im Herzen bewegst.

BAUCH: das Wohlgefühl und die Erdung

Nimm nun deinen Wunsch in deiner Vorstellung von deinem Herzen in deinen Bauch, auf Höhe deines Nabels, den Sitz deiner Intuition. Oft fällt hier der Wunsch etwas zusammen, da an diesem Punkt alle möglichen alten Speicher und Glaubenssätze sitzen. Fühle es. Beginne nun, mit deiner rechten Hand im Uhrzeigersinn um den Bauchnabel zu kreisen. Stelle dir vor, wie reines, pures Licht aus deiner Hand fließt und alle negativen Speicher und Programme löst. Stelle dir weiter ein wunderbares Wohlgefühl vor, so wie nach einem leckeren, wunderbaren Essen. Gib dir ein, wie gut es ist, wie wohl es tut, wenn der Wunsch Wirklichkeit wird. Spüre nach. Du wirst merken, dass du jetzt stabil und geerdet im Zentrum deines Wunsches stehst und dich freust, dass er Wirklichkeit geworden ist.

Nimm den Wunsch in deiner Vorstellung nun wieder in dein Herz. Spüre das Gewicht und die Energie, die er nun hat. Nimm den Wunsch dann in deinen Geist, spüre, wie er jetzt Energie aus dem Universum anzieht. Zähle bis drei, und lasse ihn fliegen.

AFFIRMATION UND AFFORMATION

»Das Glück des Lebens hängt von der Beschaffenheit
deiner Gedanken und Worte ab.«
(Marcus Aurelius)

Gedanken und Worte haben Kraft. »Am Anfang war das Wort …«, heißt es schon in der Bibel. Gedanken sind Schwingungen, Frequenzen, schöpferische Impulse, und sie markieren den Beginn unserer erfahrbaren Wirklichkeit. Wir denken bis zu 60.000 Gedanken am Tag. Beobachte dich heute einmal in deinem Denken und Fühlen. Was denkst du so den lieben langen Tag, wie fühlst du dich? Welche alten Glaubenssätze deiner Kindheit trägst du in dir? Sie sind in deinem Unterbewusstsein gespeichert und können verändert werden.

Machen wir ein kleines Experiment: Lege deine Hand auf deinen Kopf, und sei ganz still. Was passiert? Nun sprich laut, und spüre in deine Hand auf deinem Kopf. Was passiert? Kannst du die Schwingungen, die deine Worte erzeugen, in deiner Hand fühlen?

Worte formen das Licht, das in uns wohnt. Die Schwingung und die Kraft, die Worte und Gedanken erzeugen, strahlen wir aus. Sie werden zu unserer Wirklichkeit und spiegeln sich in unserer Erfahrungswelt. Affirmationen und Afformationen sind wunderbare Möglichkeiten, die Kraft deiner Gedanken und Worte für die Erfüllung deiner Wuncherfüllung zu nutzen.

Was sind Affirmationen?

Affirmationen sind klare, positiv aufgeladene Worte oder Sätze, die dazu dienen, das Unterbewusstsein neu zu programmieren. Sie helfen, Blockaden zu lösen, neue Muster zu etablieren und damit neue Wege zu erschaffen. Folgendes kannst du bei der Formulierung deiner Affirmation beachten, damit sie ihre volle Kraft entfaltet:

- Die Affirmation sollte wohltun und positive Gefühle erzeugen.
- Sie sollte in der Gegenwartsform formuliert sein.
- Sie sollte eindeutig, klar und positiv, gegenwärtig und erhebend formuliert sein.
- Achte darauf, welche Bilder die Worte erzeugen.
- Die Affirmation sollte zu deinem Wunsch/deinem Thema passen.
- Sie sollte in dir nicht auf Widerstand stoßen, sondern vollkommen annehmbar für dein Unterbewusstsein sein.

Nutze deine Affirmation über einen längeren Zeitraum regelmäßig, immer zum selben Zeitpunkt, am besten täglich 10–15 Minuten, mindestens 28 Tage lang.

Tipp: Diese Affirmation kannst du einrahmen und sichtbar an einem persönlichen Ort platzieren: *»Ich bin in jedem Augenblick Schöpfer meines Lebens.«*

Was sind Afformationen?

Afformation bedeutet so viel wie Gestaltungskraft. In ihr werden die Kernsätze der Affirmation hinterfragt. Afformationen helfen dir, deine schöpferischen Kräfte noch deutlicher wahrzunehmen. Sie entstehen aus der Affirmation und sind wie eine Lupe, mit der du deine Gefühle und deine gestalterischen Kräfte noch stärker herauskristallisieren kannst.

Affirmation: »Ich bin zufrieden, gelassen und zentriert.«
Afformation: »Was macht mich zufrieden, gelassen und zentriert? Wieso kann ich zufrieden, gelassen und zentriert sein?«

Deine persönliche Affirmation und Afformation

Das folgende Beispiel kann dir als Inspiration für die Formulierung deiner individuellen Affirmation und Afformation dienen. Doch so unterschiedlich, wie wir Menschen sind, können auch die Worte sein, die uns guttun. Folge deiner Intuition.

Beispiel für eine Affirmation:
»Ich habe die Kraft, alles zu verwirklichen, was mir wichtig ist. Mein Leben wird durch mich erschaffen. Alles gelingt mir mit Leichtigkeit. Fülle, Frieden, Freiheit und Gesundheit in all meinen Lebensbereichen entsprechen meiner wahren Natur. Tiefes Vertrauen trägt mich. Ich bin dankbar für all die Liebe und die Segnungen in meinem Leben. Ich bin göttlich, ich bin Liebe, ich bin Licht. Mein Licht trage ich in die Welt, um andere Lichter an ihr wahres Sein zu erinnern.«

Beispiel für die Afformation:
»Warum habe ich die Kraft, alles zu verwirklichen, was mir wichtig ist? Inwiefern und wodurch wird mein Leben durch mich erschaffen? Wie kann mir alles mit Leichtigkeit gelingen? Was ist meine wahre Natur? Warum entsprechen Fülle, Frieden, Freiheit und Gesundheit meiner wahren Natur? Wie kann ich meine wahre Natur noch stärker und besser erkennen?« Usw.

Übung: Raum für deine tägliche persönliche Affirmation

Überlege dir eine Affirmation, die dich in deinem täglichen Leben begleiten soll. Hier eine Anleitung, wie du die Wirksamkeit deiner Affirmation steigern kannst – für eine besonders kraftvolle tägliche Anwendung:

Begib dich an deinen Kraftort. Zünde eine Kerze an, und lege, wenn du magst, leise Musik auf. Atme ein paarmal tief ein und aus, und komme zu dir selbst. Entspanne dich, und werde durchlässig. Spüre, wie du dich für dich selbst öffnest. Verbinde dich mit deinem Hohen Selbst. Stelle dir eine wundervolle goldene Sonne über dir vor. Atme in diese Sonne hinein, und spüre die heilende und lichtvolle Energie, die jetzt mit jedem Atemzug in dich hereinströmt. Sprich bewusst deine Affirmation. Beginne nun, kraftvolle Bilder zu entwickeln. Beziehe so viele Sinne wie möglich in deine Affirmation ein – dein Unterbewusstsein wird durch deine Gefühle und Sinneseindrücke gespeist. Wie fühlt sich deine Affirmation an, wenn sie erfüllt ist? Welche Geräusche und welchen Klang erzeugt deine Affirmation? Welcher Geschmack kommt dir in den Sinn? Welche Bilder steigen in dir auf? Lasse deine Affirmation auf allen Ebenen deines Körpers wirken. Genieße die wohltuende Wirkung, die sie in dir auslöst. Lasse diese in dir nachschwingen. Beende deine Affirmation mit dem Satz: »Dies oder noch etwas Besseres geschieht jetzt in meinem Leben. Danke.«

GEBET/FÜRBITTE

»Die Berge und die Bäume,
der Morgennebel und die Wolken,
das Wasser und der Tautropfen:
Möge das Leben dich lehren,
dass du ein Teil von allem bist,
wild und wunderbar,
kostbar und einzigartig.«
(Gebet der Navajo)

Das Gebet ist eine zentrale Praxis und der Kern aller spirituellen Richtungen und Religionen. Es ist eine kraftvolle Zuwendung zur allumfassenden Quelle und zum transzendenten alldurchdringenden Wesen. Du bist gewollt und geliebt, geführt und beschützt. Du darfst dich jederzeit mit einem Gebet an die höheren Dimensionen und Ebenen wenden. Meister und Engel und dein Hohes Selbst wirken aus der Ewigkeit. Sie haben alle Zeit der Welt. Wenn nicht in dieser Inkarnation, dann in einer anderen. Es liegt an dir, dich auf dein Hohes Selbst und auf dein größeres Potenzial auszurichten.

Beten bedeutet nicht betteln und bitten. Beten bedeutet, gebettet und getragen zu sein in dem Licht und der Liebe der Schöpfung und des Universums.

Das Gebet ist die Hinwendung an das Allumfassende, von dem wir ein Teil sind. Wir Menschen sind in einer perfekten Geometrie aufgebaut, an ihr ausgerichtet und damit im Einklang mit dem gesamten Universum. Die Einheit des Allumfassenden, das gesamte Universum, ist in uns. Mache dir einmal bewusst, dass jedes Atom zu 0,000001 % aus Materie und zu 9,999999 % aus Energie besteht. Der Anteil der Materie ist gegenüber dem der Energie, die alles durchzieht und durchdringt, tatsächlich schwindend gering.

Im Gebet geben wir uns hin. Wir lösen uns aus dem Ego. Wir laden die höheren, für uns oft unerklärlichen Kräfte der Schöpfung ein, die uns an die Hand nehmen, unsere Entwicklung beschleunigen und auf die rechte Bahn lenken. Im Gebet richten wir uns wieder an der kosmischen Ordnung, der Einheit, der Harmonie, der Liebe und an dem Frieden aus, aus denen wir kommen. Wir beziehen höhere Ebenen mit ein.

»Durch das Gebet erlangt man alles.
Gebet ist eine universelle Arznei.«
(Novalis)

Beten ist nicht kompliziert. Du wendest dich nach innen in deine ewige, allumfassende, geistige, herrliche Natur. Diese nimmt sich deiner an und sendet dir auf unterschiedlichen Wegen Hilfe. Dir geschieht nach deinem Glauben. Und das Gebet stärkt diesen Glauben.

- Im Gebet kannst du für all die Segnungen und Fügungen in deinem Leben danken.
- Im Gebet kannst du Herausforderungen und schwierige Angelegenheiten dem Göttlichen übergeben, das sich auf beste Weise darum kümmert.
- Im Gebet kannst du dich hingeben.
- Im Gebet gewinnst du Vertrauen, Kraft und Stärke aus der allumfassenden Liebe und Einheit.
- Im Gebet kannst du Inspiration und Eingebungen erhalten.
- Im Gebet kannst du Heilung erfahren.
- Im Gebet kannst du mit den Lichtwelten kommunizieren.
- Im Gebet kannst du für andere in Not bitten und das Licht in anderen stärken.

Es gibt viele Wege, zu beten und sich an das Göttliche im Herzensinneren zu wenden. Eine Möglichkeit ist, die Gebetshaltung einzunehmen.

Anleitung: Die Gebetshaltung

Wenn wir die Hände zum Gebet ineinanderfalten, so bringen wir die männliche und die weibliche Seite in uns in Frieden zusammen. Die fünf Finger stehen für die fünf Elemente und für unsere fünf Körper, die wir ebenso in der Einheit ausrichten.

Daumen – Wasser/Emotionalkörper
Zeigefinger – Feuer/Energiekörper
Mittelfinger – Luft/Mentalkörper
Ringfinger – Erde/physischer Körper
kleiner Finger – Äther/Lichtkörper

Wir richten alle Körper in Männlich und Weiblich, in der Einheit, auf das höhere Wesen aus.

Wenn wir die Hände vor unserem Herzen falten, so zeigen die Daumen direkt auf die fünfte Herzkammer. Sie zeigen den Weg nach innen und nicht nach außen. Wir konzentrieren die männliche, die weibliche und die göttlich-kindliche Energie in uns und setzen damit schöpferische Kräfte in uns frei.

Anleitung: Das Gebet

Du schließt deine Augen und fühlst das ewige, unantastbare, reine Licht in deinem sowie in allen anderen Herzen. Du spürst den Atem und den Herzschlag des lebendigen Geistes in allem Leben. Wie in allem Licht, so in aller Form. Über das Herz bist du mit Geist, Seele und Körper verbunden, mit den unsichtbaren und sichtbaren Ebenen und mit der allumfassenden Einheit, aus der du kommst, grenzenlos und frei. Du öffnest den Raum der Liebe und des Lichts und trittst ein in diese heilige Kammer deines Selbst. Alle Kraft kommt von innen.

Hier ist eine unbegrenzte Kraftquelle. Hier kommst du nach Hause in die allumfassende Einheit. Du bewegst dich noch tiefer in dich hinein, an einen geistigen Ort, an dem du vollkommen sicher und geborgen bist. Hier bist du verbunden mit allem Sein. Frieden, Stille, Weite, Liebe und Raum entstehen. Du atmest in den Raum zwischen dem Einatmen und dem Ausatmen. Du gibst alles ab und übergibst es, sodass eine größere Kraft, die alles durchdringt, lenkt und sieht, sich deiner annehmen kann. Du verweilst und spürst die allumfassende Liebe, aus der du kommst, in die du gehörst und ohne die kein Leben möglich wäre. Du fühlst den Atem, der dich atmet, im Ein- und im Ausströmen.

Du sprichst aus deinem Herzen heraus aus, was dich bewegt. Im Aussprechen lässt du es los. Es erleichtert dich, alles, was dich bewegt, aussprechen zu können. Dein Kopf wird frei für neue Impulse, Geistesblitze und Gedanken. Du öffnest dich für Lösungswege. Beten stärkt dich und verstärkt deinen inneren Frieden mit dir selbst, mit der Einheit, mit allem Leben. Du gibst deinen Selbstheilungskräften Raum, regst sie an, und höhere Fähigkeiten und Ebenen können nun frei in dir wirken.

Du badest im Strom des Lichts und lässt los, gibst frei.
Du hältst nicht mehr fest. ERLÖSUNG geschieht.

Du dankst, atmest, fühlst und öffnest dich für unbekannte, in dir schlummernde Kräfte, für Wege und Lösungen, die nun geschehen können, da du sie mit dem Gebet aktiviert hast.

Dein Beten hilft und heilt. Die göttliche, allumfassende Liebeskraft wirkt. Du trittst zur Seite und gibst deinem höheren Wesen, der allumfassenden Weisheit, Raum, in dir und mit dir zu wirken.

Tipp: *Du kannst vorgegebene Texte oder aus deinem Herzen heraus beten. Ich neige dazu, die ursprünglichen Gebete der Naturvölker und der ursprünglichen Christenheit zu beten. Leider wurden viele Gebetstexte über die Jahrhunderte verändert. Bete immer nur die Gebete, die mit deinem Herzen in völligem Einklang schwingen.*

GEBET AN DEN GROSSEN GEIST

»Oh Großer Geist, dessen Stimme ich höre im Wind, dessen Atem Leben gibt auf der ganzen Welt. Höre mich; ich brauche deine Stärke, deine allumfassende Liebe und Güte und deine Weisheit. Lass mich in Anmut gehen, und lass meine Augen immer die Abendröte erblicken. Lass meine Hände die Dinge respektieren, die du gemacht hast, und gib mir ein gutes Gehör, um deine Stimme wahrzunehmen. Gib mir die Weisheit, damit ich die Dinge, die du mein Volk gelehrt hast, verstehen kann. Hilf mir, angesichts dessen, was auf mich zukommt, ruhig und stark zu bleiben. Lass mich die Lektionen lernen, die du in jedem Blatt und jedem Felsen versteckt hast. Lass mich reine Gedanken finden und mit dem Vorhaben, anderen zu helfen, handeln. Hilf mir, Mitgefühl zu empfinden, ohne dass Empathie mich überwältigt. Ich suche Stärke, nicht um größer zu sein als mein Bruder, aber um gegen meinen größten Feind zu kämpfen – mich selbst. Lass mich stets bemüht sein, mit sauberen Händen und ehrlichen Augen zu dir zu kommen. Dann, wenn das Leben schwindet, so, wie die Abenddämmerung verblasst, möge mein Geist in der Reinheit der Liebe zu dir zurückkehren.

Großer Geist, sei der Mittelpunkt unseres Lebens heute. Du füllst die ganze Leere des Raums. Möge die heutige Sonne eine gesunde, wärmende Heilung für uns sein, dass wir wiederum ein Heiler für das Leid anderer sein können.«

(Gebet der Lakota)

Entwickle dein eigenes Gebet, und sprich es regelmäßig. Es ist dein persönlicher Weg, Frieden zu finden und im Einklang mit allem Sein zu leben.

Übung: Die Fürbitte
(für 2 Personen)

Setze dich deinem Übungspartner gegenüber. Berichte ihm oder ihr von deinem Anliegen. Dein Partner betet jetzt laut und spricht eine Fürbitte für dich. Dann wechselt ihr.

Diese Übung berührt Herzen und bewegt den Geist. Unser Gegenüber sieht uns unvoreingenommen im Geiste der Liebe. Oft finden wir diese Worte und Energien nicht für uns selbst. In der Fürbitte öffnen wir einen Weg ins Licht. Wir stellen eine andere Sichtweise neben unsere, sodass die Seele selbst wählen und sich wieder dem Licht der Einheit öffnen kann.

DIE MAGIE DES WEISSEN BLATTES

Das Schöne an der Visionsarbeit ist, dass du alles erschaffen kannst, was du möchtest. Lasse deiner Fantasie freien Lauf, und träume groß. Nimm ein weißes Blatt Papier zur Hand. Dieses weiße Blatt ist dein Spielfeld. Lege die Hände auf dein Herz, und atme ein paarmal in dein Herz hinein. Was wünschst du dir von ganzem Herzen? Was möchtest du in deinem Leben manifestieren?

Schreibe nun alles nieder, was aufkommt: Themen, die wichtig für dich sind. Gefühle, die du dir wünschst. Erfahrungen, die du gern machen möchtest. Deine Notizen müssen weder vollständig sein noch einen großen Sinn ergeben. Sie dürfen aus dem Zentrum deines Herzens kommen und vom Universum auf beste Weise zusammengefügt werden.

Hier als Beispiel mein eigenes weißes Blatt, das ich mit 19 Jahren geschrieben habe, in Leichtigkeit, Freude und Leidenschaft:

»Ich möchte fliegen. Ich möchte reisen. Ich möchte die Welt von oben sehen. Ich möchte so viel von der Welt sehen wie möglich. Meine Reisen sollen sich selbst finanzieren. Ich möchte auch in Länder reisen, in die sonst keiner reisen würde. Ich möchte immer wieder sicher und gesund nach Hause kommen. Ich möchte viele Kraftorte besuchen. Ich möchte weise und heilige Frauen und Männer weltweit kennenlernen. Ich möchte Menschen aus aller Welt treffen, die friedlich miteinander sind, zusammen leben und das Leben feiern. Reisen, reisen, reisen. Juhuu!

Dies oder etwas Besseres geschieht jetzt in meinem Leben.
Danke, liebes Universum!«

Ich legte dieses Blatt in mein Tagebuch.

Einen Monat später kam ein Freund vorbei und brachte mir Bewerbungsunterlagen, da eine Airline gerade neue Leute suchte. Ich sollte sie sofort ausfüllen.

Anderthalb Monate später lernte ich auf einer Feier eine Frau kennen, die die Einstellungsgespräche führte. Wir hatten ein wundervolles Gespräch.

Zwei Monate später wurde ich zum Vorstellungsgespräch eingeladen. Wir waren 36 Teilnehmer aus ganz Europa. Drei Bewerber wurden genommen. Einer davon war ich.

Fünf Monate später befand ich mich in der Ausbildung, die sieben Wochen dauerte. Ich wurde zuerst nur für Langstrecken geschult. Kurze Zeit später befand ich mich auf Reisen nach Istanbul, Kenia, Vancouver, New York, Kairo … mit viel Freizeit vor Ort, Besuchen an heiligen Stätten, Begegnungen mit Gurus und Weisen und einem für mich sehr guten Gehalt. Alles fühlte sich an wie ein Sechser im Lotto.

Neun Monate später fiel mir der Zettel aus meinem Tagebuch vor die Füße. Ich war so erstaunt. Alle Punkte waren zu mehr als 100 % erfüllt. Ich war unendlich glücklich und dankbar.

Das ist die Magie des weißen Blattes. Lege in kindlicher Freude los. Du musst nicht genau wissen, wohin die Reise geht, du musst nur wissen, was du wirklich erleben willst. Den Rest macht das Universum.

DIE VISIONSTAFEL

Bei der Visionstafel, auch als Visionboard bekannt, arbeiten wir mit Bildern, um die eigenen Visionen und Ziele zu visualisieren. Formuliere dafür zunächst klare Ziele für dieses Jahr, egal, an welchem Zeitpunkt im Jahresverlauf du dich befindest. Deine Ziele sind wie Eingaben in dein inneres Navigationssystem. Dieses schaut zuerst, wo du dich befindest, und berechnet dann den Weg, der dich zu deinem Ziel bringt. Damit du ankommst, wo du hinwillst, sollten deine Ziele klar, präzise, attraktiv, realistisch und messbar sein. Schreibe sie aus deinem Herzen kommend stichpunktartig auf. Sortiere sie dann nach Lebensbereichen.

Jetzt kannst du loslegen: Wähle Bilder aus Zeitschriften, eigene Fotos etc. aus, und bastele daraus deine Visionstafel. Du kannst auch dein Jahresmotto auf deine Visionstafel bringen.

Hänge deine Visionstafel so auf, dass du sie gut sehen und deine Themen gut visualisieren kannst. Schaue, was du davon in kleinen Schritten umsetzen kannst oder was dir in deinem Leben durch andere Menschen, Umstände etc. aufgezeigt wird. Wenn du dein Ziel bis zum Ende des Jahres nicht erreicht hast, so übertrage es einfach auf eine neue Visionstafel für das neue Jahr.

Genieße es. Bleibe gelassen und locker, und vertraue. Manche Ziele brauchen ihre Zeit und verwirklichen sich erst, wenn wir sie losgelassen haben. Träume wollen fliegen, um aus dem Universum alle Energien anzuziehen, die zur Manifestation notwendig und wichtig sind.

ENERGIEANHEBUNG

Erhöhe täglich deine Schwingung. Je höher du schwingst, desto mehr Energie kannst du aus dem Universum anziehen, um deine Wünsche und Visionen zu manifestieren. Konzentriere dich auf die göttliche Quelle, bade in ihrem Licht, und lade dich immer wieder auf. Um neue Ebenen und Stufen zu erreichen, ist es wichtig, die eigene Energie anzuheben und dich immer wieder auszubalancieren.

- Plane bewusst Pausen ein.
- Achte auf ausreichend Schlaf.
- Achte auf Bewegung – Yoga, Laufen …
- Trinke regelmäßig Wasser.
- Achte auf deine Nahrung – denn du bist, was du isst.
- Lade dich über Atemübungen auf.
- Nimm dir Zeit, im Frieden und in der Stille zu sein.

Was ist für dich persönlich noch wichtig, um deine Energie anzuheben?

Die folgende kleine Übung kannst du immer wieder einmal anwenden, wenn du Energie für deinen Wunsch oder deine Vision brauchst.

 ## Übung: Der Mana-Ball

Forme deine Hände so, als ob du einen Ball zwischen ihnen halten würdest. Es gibt zwei Möglichkeiten, die Hände zu halten – vor dem Herzen (Herzzentrum) oder vor dem Bauchnabel (Pico-Mitte). Die Hände berühren sich dabei nicht. Schaue in das Zentrum des imaginären Balls, den du in deinen Händen hältst. Atme gezielt in das Zentrum des Balls hinein, und spüre, wie sich zwischen deinen Händen immer mehr Energie sammelt. Atme in deiner Vorstellung in das Zentrum des Balls hinein, und dehne ihn mit dem Ausatmen aus. Wiederhole dies 7-mal.
Wenn die Energie zwischen deinen Händen stark ist, nimm den Mana-Ball mit der nächsten Einatmung entweder in das Herzzentrum oder das untere Pico-Zentrum auf, und verteile die Energie mit der Ausatmung. Du wirst sofort spüren, dass du nun mehr Energie zur Verfügung hast.

MANIFESTATION
im Einklang mit der NATUR

- das Medizinrad
- die Visionssuche
- die Mondphasen
- die Welt der Naturgeister

»Alles hat seine Stunde,
für jedes Geschehen unter dem Himmel
gibt es eine bestimmte Zeit:
eine Zeit zum Gebären und eine Zeit zum Sterben,
eine Zeit zum Pflanzen und
eine Zeit zum Pflücken der Pflanzen,
eine Zeit zum Töten und eine Zeit zum Heilen,
eine Zeit zum Niederreißen und eine Zeit zum Bauen,
eine Zeit zum Weinen und eine Zeit zum Lachen,
eine Zeit für die Klage und eine Zeit für den Tanz,
eine Zeit zum Steinewerfen, eine Zeit zum Steinesammeln,
eine Zeit zum Umarmen und
eine Zeit, die Umarmung zu lösen,
eine Zeit zum Suchen und eine Zeit zum Verlieren,
eine Zeit zum Behalten und eine Zeit zum Wegwerfen,
eine Zeit zum Zerreißen und eine Zeit zum Zusammennähen,
eine Zeit zum Schweigen und eine Zeit zum Reden,
eine Zeit zum Lieben und eine Zeit zum Hassen,
eine Zeit des Krieges und eine Zeit des Friedens.«
(Kohelet)

Jeder von uns hat seine eigenen Wege und Zugänge zur Welt der Schöpfung. Ich persönlich habe festgestellt, dass das Manifestieren im Einklang mit dem Kosmos leichter und nachvollziehbarer für viele Menschen ist. Die Natur unterstützt die Regeneration, Erneuerung und Manifestation, da sie sie uns im Jahreskreislauf vorlebt.

Wir sind Natur, und die Natur ist in uns. Folglich kann sie uns in allen Prozessen, die wir gerade durchlaufen, unterstützen. Sie kann uns Orientierung, Halt, Weisheit und Kraft schenken, Geduld und neue Erkenntnisse bringen und uns auf den Wegen der Erde zum Glück führen. Denken wir an all die Mythen und Märchen, in denen die Helden Hilfe und Beistand aus der Natur bekommen, weil sie ihre Kräfte ehren und liebevoll miteinbeziehen. Genauso können auch wir die Natur für unsere Manifestation heranziehen. Der Garten Gottes hält Wunder und Heilung bereit.

DAS MEDIZINRAD

Alles im Universum ist eins. Daher geht nichts verloren. Wenn wir die Natur beobachten, so werden wir bemerken, dass alles in Zyklen und Kreisläufen verläuft. Das Jahr ist ein Kreislauf von Erwachen, Befruchten, Erblühen, Früchtetragen, Ernten, Abbauen, Umwandeln, Rückzug, Ruhe, Das-neue-Licht-Empfangen.

Lege dir ein Medizinrad, einen Kreis aus Edelsteinen oder Naturmaterialien. Markiere dabei die Mitte und die vier Himmelsrichtungen.

- Osten – Sonnenaufgang – Luft
- Süden – Sonnenhöchststand – Feuer
- Westen – Sonnenuntergang – Wasser
- Norden – Nacht – Erde

Nun wähle intuitiv einen Platz in deinem Medizinrad. Spüre, ob dies der richtige Platz ist. Setze dich dort nieder, und spüre in diesen Ort hinein. Wo stehst du gerade in deinem Leben? Was ist deine momentane Aufgabe?

Der Osten – die aufgehende Sonne – Element Wind und Luft

Beginn eines neuen Zyklus, Neuanfang, Geburt. Es ist eine Phase der Planung, der Entwicklung und des Lernens. Hier sind unsere Gedanken, neue Inspirationen und die neuen Impulse zu Hause. Qualitäten: Frische, Klarheit, Flexibilität und Start.

Der Süden – der Mittag und die Mittagshitze – Element Feuer

Handeln, Wandeln und Umsetzen. Es ist die Zeit der Aktion, der Aktivität und des aktiven Handelns. Beschreite nun eigenständig dein Leben. Setze um, was du in die Welt bringen möchtest. Gib deiner Idee Form und Gestalt. Bringe sie aus deinem Inneren in das Außen. Qualitäten: Willenskraft, Schaffenskraft, Gestaltungskraft, Leidenschaft und Begeisterung.

Der Westen – die untergehende Sonne – Element Wasser

Der Abend, die Ernte, die Reflexion und die geistige Umwandlung. Es ist Zeit, den Blick nach innen zu richten und zu reflektieren. Alles fließt. Lehne dich vertrauensvoll zurück, beobachte, und lasse geschehen. Qualitäten: Innenschau, Zuhören, Loslassen, Heilung und Liebe.

Der Norden – die Nacht – Element Erde

Rückzug von der äußeren Welt, Traum, Schlaf, Erholung, Jenseits, lichtvolle Ahnen. Es ist eine Zeit der Weisheit, der Erkenntnis und des neuen Werdens. Ein Wandlungsprozess findet auf höheren Ebenen statt. Wir bereiten uns auf einen Neubeginn vor, der dann wiederum im Osten beginnt. Qualitäten: Ruhe, Frieden, Regeneration, Stille.

Nimm dir immer wieder Zeit für dein Medizinrad, und schaue, in welche Richtung es dich zieht. Spüre hinein, ob es dich nach unten, in die Mitte oder nach oben zieht. Verweile dort, bis du den Drang verspürst, weiterzuwandern.

Das Unten

Die Welt des Unterbewusstseins, die Welt der Kraft. Die weibliche Kraft einer liebenden Seele. Erdung und Energiefluss, Wohlstand, Fülle, Genährtsein vom Leben, Getragensein.

Die Mitte

Innen und Außen. Wie im Innen, so im Außen. Die Welt als Spiegel.

Das Oben

Das höhere Bewusstsein, die männliche Kraft des ewigen Geistes, die Welt des Lichts, der Gedanken und Ideen, die Welt der Meister und Engel.

DIE VISIONSSUCHE

Die Visionssuche wurde in vielen Kulturen in Zeiten des Übergangs praktiziert: vom Mädchen zur Frau, vom Jungen zum Mann, in Krisen und in persönlichen Wandlungsphasen, bei Krankheiten und bei der Neuorientierung. Sie ist eine Fastenzeit allein in der Natur. Die Ausrüstung, die du dafür brauchst, ist minimal. Bei der Visionssuche bist du drei Tage und drei Nächte allein in der Natur, z. B. in einem Wald, im Gebirge, keine Nahrung, kein Dach über dem Kopf und kaum Kontakt zu Menschen. Du ziehst dich zurück in die Natur, um dich mit dir selbst zu konfrontieren. Nach der Rückkehr wird die Zeit der Visionssuche reflektiert. Meist ist der Abschluss ein Schwitzhütten- oder ein Reinigungsritual, in dem das Alte abgewaschen wird und du neugeboren und in dir ausgerichtet in die Welt zurückkehrst.

Zur Umsetzung einer Visionssuche kannst du vieles in den sozialen Netzwerken finden. Am Anfang ist es sicherlich gut, sich begleiten zu lassen. Grundsätzlich begehst du deinen Visionstag, indem du ausreichend Wasser, eine Sitzunterlage und einen Regenschutz einpackst und einen Platz in der Natur aufsuchst und dort mindestens einen ganzen Tag lang verweilst, die Natur beobachtest, die Zeichen, die sie dir sendet, und dich meditativ in sie versenkst.

Wenn du dir eine Visionssuche allein nicht zutraust, so suche dir eine Gruppe, mit der du diese Erfahrung in einem betreuten und geschützten Rahmen durchführen kannst.

MONDPHASEN –
ZYKLEN UND KREISLÄUFE

Die Zyklen des Mondes unterstützen den Aufbau neuer Kräfte und die Wandlung und Erlösung gebundener Energien. Die jeweilige Mondphase kann die gewünschten Prozesse unterstützen – besonders zu Vollmond und Neumond wirken große Kräfte. Die genauen Voll- und Neumondzeiten kannst du in einem Mondkalender nachsehen. Hier findest du einen Überblick, welche Kräfte in welcher Phase wirken.

Neumond: Der Manifestationszyklus beginnt. Setze den Lichtsamen für ein neues Werden. Der Neumond ist besonders gut für einen Neubeginn geeignet. Was möchtest du säen? Was darf sich stärker in deinem Leben manifestieren? Die beste Zeit ist der Moment des Neumondes bis zwei Stunden danach.

Neumond bis Vollmond: In den zunehmenden Mondphasen befinden wir uns im Manifestationszyklus, in dem alles, was wir uns im Leben wünschen, stärker wird. Wir können dann Wünsche manifestieren wie Gesundheit, Wohlstand, Liebe, Reichtum oder Glück.

Vollmond: An Vollmond sind die Energien gereift und können vollendet werden. Lösungsprozesse finden vom Zeitpunkt des Vollmondes bis zwei Stunden danach statt. Die Energie des Vollmondes wirkt sechs Tage lang: beginnend drei Tage vor Vollmond bis drei Tage nach Vollmond. Die Energien sind vor dem Vollmond und bis zur Vollmondstunde besonders intensiv. Du kannst sie nutzen, um Klarheit, Kraft und Energie zu gewinnen. Mit dem Vollmond beginnt die Wende und Transformationsphase. Nun kannst du lösen, was dir nicht mehr dient.

Vollmond bis Neumond: In den abnehmenden Mondphasen können wir Dinge lösen, die sich auf etwas beziehen, was weniger werden, also abnehmen soll in unserem Leben. Das können Wünsche sein, die Krankheiten, Geldsorgen, Gewicht oder andere unangenehme Angelegenheiten betreffen.

DIE WELT DER NATURWESEN – FEEN UND ELFEN

Die Welt der Elementargeister öffnet uns
einen einzigartigen Zugang in die göttlichen Ebenen.
Ihr Zauber und die in der Natur wirkenden Heilkräfte
sind unermesslich. Sie sind elementar.

Ich glaube an Feen, Elfen und die Welt der Naturgeister. Ich liebe es, mit ihnen in Kontakt zu sein, sie zu beobachten und mich von ihnen verzaubern zu lassen. Als Kind habe ich viel mit ihnen gespielt und eine liebevolle Beziehung zu ihnen aufgebaut. Wenn ich in die Natur gehe, so ist der erste Schluck von meinem Wasser für die Natur und der erste Bissen von meinem Brot für die Naturwelten. Auch trage ich immer Körner bei mir, die ich an die Naturwesen übergebe. Viele Wunder, viel

Segen und neue Wege strömen aus ihren Reichen in unsere Welt. Sie helfen uns, den richtigen Platz zu finden, inspirieren uns und senden uns aus dem lebendigen Feld der Natur Antworten auf unsere Fragen. Die Natur lebt. Die Naturwelten können für uns alles auf eine magische Weise manifestieren, aber auch wieder auflösen, wenn wir nicht respektvoll mit ihr umgehen.

Wenn wir Kontakt mit den Naturwelten aufnehmen wollen, so gehen wir am besten hinaus. Das Paradies ist mitten unter uns. Wir können es wiederentdecken, betreten und auf Erden manifestieren. Feen und Elfen können uns helfen, den richtigen Platz zu finden, wenn wir ein Haus bauen wollen oder ein Grundstück suchen. Sie helfen uns aber auch, eines zu verkaufen, wenn wir das möchten. Ihre starken heilerischen Kräfte wirken nicht nur auf Menschen, sondern auch auf Orte, Tiere und Bäume. Sie lassen unseren Garten erblühen und inspirieren uns zu neuen Rezepten aus der Natur. Sie senden uns Wege der Heilung durch Pflanzenwesen. Verlorene Gegenstände und Schätze finden wir mit ihrer Hilfe, entdecken Quellen und Nahrung und vieles mehr. Sie offenbaren uns die wunderbarsten Kraftpunkte der Erde und nehmen uns in andere Dimensionen jenseits des Schleiers mit. Wenn du dich zu den Welten der Feen und Elfen hingezogen fühlst, so nimm bewusst Kontakt zu ihnen auf.

- Verbringe Zeit in der Natur.
- Sprich mit den Elfen und Feen. Bitte sie, sich dir zu zeigen. Es kann etwas dauern, da sie scheu sind und erst einmal deine Energie prüfen. Sie können sich dir als bunte Lichter, starke Düfte oder ein segnender Blütenregen zeigen.
- Bringe ihnen ein Geschenk mit, z. B. Brot, Kekse, kleine Kristalle, Körner oder getrocknete Früchte.
- Leiste deinen Beitrag für die Umwelt, indem du Müll und Papier in der Natur einsammelst, Eisennägel aus Bäumen entfernst usw.
- Heile die Atmosphäre, und die Atmosphäre heilt dich.

- Trage den Feen und Elfen dein Anliegen vor, oder bitte sie um Hilfe.
- Knüpfe dein Bündnis mit den lebendigen Kräften der Erde neu.

Alles Künstliche ist menschengemacht. Alles Natürliche ist über die Heilige Geometrie verbunden. Die Kunst hat Grenzen, die Natur ist göttlich, umfassend, ewig, wild, unbezähmbar und wahrhaftig.

Impuls: Wunschbäume und Manifestationsplätze in der Natur

In der Verbindung mit der Natur, den Bäumen, dem Feen- und Elfenreich tauchen wir in eine unbegrenzte lebendige Energiequelle ein. Wir sind verbunden, wir sind eins. Die Natur ist beseelt und voller Liebe. Sie zaubert Fülle, Glück und Erwachen hervor, ihre glasklaren Quellen speisen alles Leben. In der lebendigen Natur sind alle Wünsche schon in Licht geschrieben. Feen sind Meisterinnen der Manifestation. Es ist an dir, deine Wünsche mithilfe der Feen von der feinen in die grobstoffliche Welt zu holen. Feenbäume sind eine Möglichkeit, dies zu tun. Sie sind Begegnungsstätten mit anderen Welten.

Gehe in die Natur. Knote ein Band an einen Ast, nimm es zwischen deine Hände, und sprich den Segen, deine Wunschvision, mit einem Dank und einem Gruß in das Band. Tausend Ohren hören, tausend Herzen schlagen, und der lebendige Puls des Universums kann dich im Zauber des Lebens tragen. Mit deinem Band knüpfst du deine Verbindung in die unsichtbaren Welten von Neuem. Erinnere dich an deine kindliche, gegenwärtige Verbindung und Einheit mit allem Leben.

Warum manchmal WÜNSCHE platzen und TRÄUME zu Albträumen werden

Wünschen macht Spaß! Wünsche sind dein Antrieb, dich selbst zu verwirklichen. Wenn Herzenswünsche sich erfüllen, ist dies eines der schönsten Erlebnisse auf Erden. Wünsche wollen fliegen. Wenn wir etwas zu sehr wollen und mit dem Kopf angehen statt mit dem Herzen, so bleibt es meist aus. Wenn wir hingegen entspannt und in der Fülle sind, kann es geschehen.

Doch was passiert, wenn Wünsche nicht eintreten oder unser Traum gar platzt? Dies kann Mutlosigkeit und Selbstzweifel auslösen. Es kann frustrieren und entmutigen. Wünsche, die sich nicht erfüllen wollen, Träume, die platzen, hinterlassen ein schales Gefühl und Scherben in uns, die verhindern, dass wir neue Erfahrungen im Leben und in der Liebe machen können.

Nimm dir Zeit, Träume und Wünsche – und damit die alten Selbstbilder – zu verabschieden, die gescheitert oder geplatzt sind, denn sie sind wie Splitter im System, die der Schöpferkraft Energie rauben.

Welche Wünsche und Träume sind geplatzt – vielleicht durch Trennung, Tod, Schmerz, das Nicht-Erreichen des gewünschten Ergebnisses, eine Kündigung …? Welche Wünsche solltest du jetzt vollkommen loslassen?

Übung: Geplatzte Wünsche loslassen

*Mache dir alle geplatzten Träume und Wünsche bewusst! Schreibe sie auf ein **schönes Papier** – für jeden geplatzten Wunsch verwende ein neues Blatt. Schreibe dazu, was du dir gewünscht hättest und was deine Werte sind. Wenn du diese Zeremonie mit Freunden machst, so tauscht euch aus, unterstützt euch gegenseitig. Wenn Tränen fließen, ist das völlig in Ordnung. Ziehe einen Kreis um dich. Der Kreis beinhaltet alle Himmelsrichtungen und alle Elemente. Elemente sind elementar, sie bauen auf, und sie bauen ab. Halte die Papiere an dein Herz. Lasse alles hochkommen, und atme es aus. Lasse es aus dir gehen. Manchmal entsteht ein Gefühl, ein inneres Bild, wie wenn innerlich all die Scherben nun zusammengekehrt werden und die Energie wieder frei wird.*

*Entzünde ein **Stück Räucherkohle** und eine **Räuchermischung** deiner Wahl. Räuchere dich ab bzw. räuchert euch gegenseitig ab, und schwenke die Räuchermischung dann über die Papiere. Gib diese nun mit der Räuchermischung ins Feuer. Sieh zu, wie sie sich auflösen und verbrennen.*

*Nimm etwas **Salz** in den Mund, sodass dein Energiefeld auch physisch gereinigt werden kann.*

Dann verbinde dich mit dem Licht der Quelle, gold-brillantem Licht, mit den Meistern, den Engeln, Mutter Maria, den lichten Kräften. Spüre, wie alle Wunden und Narben, alles, was noch Fürsorge und Trost in dir braucht, aufgeladen und gesalbt wird, sodass es jetzt heilen kann.

Vielleicht erhältst du aus der Geistigen Welt noch eine Botschaft, dass auch physisch etwas getan werden darf, oder es kommt dir ein Gedanke in den Sinn wie zum Beispiel, die Wohnung zu entrümpeln und Platz zu schaffen, Schmuckstücke, Dokumente, Briefe und Papiere loszulassen, etwas neu zu ordnen, zu sortieren oder zurückzugeben. Der Platz, den du schaffst, steht dir zur Verfügung, um Neues in dein Leben zu ziehen.

Abschließend bedanke dich bei der Geistigen Welt, die dich allzeit führt, unterstützt und dir hilft, dein Energiefeld immer wieder zu klären. Vielleicht erhältst du noch eine Eingebung, einen Impuls, eine Inspiration.

Nach dieser kleinen Zeremonie kannst du, wenn du magst, noch ein **Salzbad** *nehmen und dich mit deinen* **Lieblingsölen** *salben und ölen. Genieße einfach diesen kostbaren Moment des Lebens.*

Eine weitere Variante:
Gehe an einen Fluss. Wähle einen Stein, der dich anspricht. Lege diesen Stein an dein Herz, und atme alles, was noch an Altem in dir gespeichert ist, in den Stein hinein. Du wirst bemerken, wie der Stein energetisch schwer wird. Bedanke dich bei ihm. Segne ihn mit Meersalz, und übergib ihn dem Fluss, sodass alles bereinigt werden kann. Betrachte noch einen Moment das fließende Wasser.

Aber warum kommt es überhaupt dazu, dass Wünsche und Träume platzen? Werfen wir einen Blick auf unseren Körper. Er gibt uns Aufschluss.

UNSER KÖRPER

Ein Wunderwerk der Schöpfung

Wir kommen aus dem Geistigen, machen für eine gewisse Zeit eine menschliche Erfahrung und kehren in das Geistige zurück. Wir sind in erster Linie also geistig-seelische Wesen, die für eine gewisse Zeit eine menschliche Erfahrung machen, und keine Menschen, die ab und zu eine geistige Erfahrung machen. Als geistig-seelische Wesen haben wir Zugang zu allen Ebenen und Dimensionen des Geistes und der Seele. Doch unser Leben auf der Erde wäre ohne Körper nicht möglich. Hier ein kleiner Einblick in dieses Wunderwerk der Schöpfung.

Körperzellen
Der menschliche Körper besteht aus etwa 60 Billionen Zellen, und jede Zelle hat etwa 10.000-mal so viele Moleküle wie die Milchstraße Sterne hat.

Zellerneuerung

Unsere Zellen erneuern sich jeden Tag. In ca. zweieinhalb Jahren ist unser ganzer Körper, ja, jede Zelle darin, ersetzt – und das alles, ohne dass wir etwas dafür tun müssen.

Gehirn

Das menschliche Gehirn ist die komplexeste Struktur im bisher bekannten Universum. Nervenbahnen mit einer Gesamtlänge von mehr als fünf Millionen Kilometern verbinden ca. hundert Milliarden von Zellen. Ein Viertel unserer Gehirnkapazität wird für das Sehen aufgewendet. Doch unser Gehirn unterscheidet nicht zwischen der tatsächlichen Wahrnehmung und den Gedanken, die wir haben. Es nimmt alles gleichwertig auf.

Atmung

Wir können in der Regel drei Wochen ohne Nahrung sein, ca. drei Tage ohne Wasser, aber nur ca. drei Minuten ohne Luft. Wir atmen im Durchschnitt 20.000-mal am Tag. Bedenke dabei: Wir atmen die gleiche Luft wie die Aufgestiegenen Meister vor uns.

Herz

Das Herz macht 100.000 Schläge am Tag und pumpt fünf Liter Blut in der Minute durch den Körper, das heißt, dass ca. 7.200 Liter am Tag durch es hindurchfließen.

Blut

In jeder Sekunde sterben zwei Millionen Blutkörperchen, und zwei Millionen Blutkörperchen werden neu geboren. Das Hämoglobin im Blut ist ein Komplex, der bei Sternenfusionen entsteht. Wir sind verbunden mit den Sternen und mit dem gesamten All, denn wir sind aus dem gleichen Stoff gemacht. Das Universum ist in uns.

Gedanken

Wir denken täglich ca. 60.000 Gedanken. Bis zu 95 % dieser Gedanken stammen aus der Vergangenheit. Statt neue Gedanken zu formen, wiederholen wir also alte Erinnerungen an Gedanken.

Sinneseindrücke

Die Informationen und Eindrücke, die wir täglich mit unseren Sinnesorganen bewusst aufnehmen, haben zu den unbewusst verarbeiteten Daten ein Verhältnis von etwa 1:10.000.000. Mit unseren Sinnen nehmen wir ca. 1 Milliarde Bit pro Sekunde auf. Wir können aber nur 100 Bit in der Sekunde bewusst verarbeiten. Unterbewusst nehmen wir alles auf.

Während wir hier sitzen, kreist die Erde mit 106.000 Kilometern pro Stunde um die Sonne. Pro Tag legen wir auf der Erdbahn um die Sonne eine Reise von 2.544.000 Kilometern zurück.

Speicher unserer Erfahrungen

Unser Körper enthält …

- den Erinnerungsspeicher, in dem alles, was wir bisher erlebt haben, aufgezeichnet ist. Je emotionaler die Erfahrung war, desto stärker ist der Abdruck in unserem Feld.
- den Erbspeicher unserer Ahnen, in dem alles, was unsere Ahnen anbelangt, aufgezeichnet ist, sowohl Krankheiten und Fehlentscheidungen als auch Potenziale und Fähigkeiten.
- den Speicher unserer Seele, in dem alle Inkarnationen und Erfahrungen unserer Seele aufgezeichnet sind, die weit über dieses Leben hinausgehen. Dies erklärt beispielsweise die Liebe zu bestimmten Ländern, Sitten und Gebräuchen und die Ängste vor gewissen Dingen.
- den Speicher unseres wahren Potenzials, unserer natürlichen Fähigkeiten, Talente und Anlagen, unseres Seelenplans, unserer Göttlichkeit und Reinheit und unseres ewigen Seins.

Unser Unterbewusstsein – Wissensspeicher und Kraftzentrale

Das Unterbewusstsein ist um ein Vielfaches umfangreicher und größer als das bewusste Sein und spielt bei der Manifestation unserer Wünsche eine entscheidende Rolle. Alles ist bereits in uns. Es gibt nichts, was wir im Außen suchen müssten. Unser Bewusstsein ist nicht unsere Hirnmasse, obwohl sie die körperliche Basis für alle Bewusstseinsprozesse bildet. Viele Dinge werden von ihm gesteuert, ohne dass wir uns dessen bewusst sind. Das Unterbewusstsein kann den Manifestationsprozess um tausend Sonnen beschleunigen, aber auch in gleicher Weise behindern und blockieren, wenn wir die Blockaden in uns nicht anschauen und reinigen. Heilen bedeutet, Energie wieder in den Fluss zu bringen, die alten Erinnerungen zu klären, Blockaden zu beseitigen. Zellheilung ist positive Bewusstseinsarbeit.

Wir können die Informationen unseres Unterbewusstseins in den ursprünglichen, göttlichen und vollkommenen Zustand zurückführen. Wir können Resets und Neuprogrammierungen vornehmen, um gewünschte Zustände und das freie göttliche Potenzial in uns zu manifestieren. Etwaige Blockaden auf geistiger oder energetischer Ebene werden dann zunächst gelöscht und anschließend durch Glücksgefühle ersetzt. Nutze die Intelligenz deines Körpers, um alte Programme zu löschen und neue Eingaben zu machen. So erfährst du das Wunder des Lebens und die Kraft der Manifestation.

Übung: Finde Kontakt zu dir selbst

Lege immer wieder einmal die Hände um deinen Bauchnabel, er ist das Zentrum der Welt. Er ist der Sitz der Intuition, und von hier aus werden alle unbewussten und bewussten Vorgänge in deinem Körper gesteuert. Fühle in dich hinein. Beginne, dich selbst zu lieben, zu ehren und zu achten und mit deiner dir innewohnenden Intelligenz zusammenzuwirken. Erzeuge ein Wohlgefühl in dir. Es ist wichtig, dass du einen guten Zugang zu deiner Intuition und zu deiner Höherführung hast. Erkenne dich selbst an. Arbeite mit den Kräften, die in dir wirken, zusammen. Liebe und achte dich.

Wir tragen viele Ebenen und Schichten des Bewusstseins in uns, und damit spiegeln viele widersprüchliche Energien die verschiedenen Ebenen und Dimensionen in uns. Ich möchte im Folgenden auf diese Ebenen, die drei Selbste und die fünf Körper des Menschen näher eingehen.

Die drei Bewusstseinsebenen

Das Hohe Selbst kennt deinen Lebensplan.
Das Mittlere Selbst koordiniert den Weg.
Das Untere Selbst steuert den Wagen.

Unser Bewusstsein besteht aus drei Ebenen:
Das höhere Bewusstsein – Hohes Selbst – Höherführung –
unbegrenzte Energie – Ewigkeit
Das mittlere Bewusstsein – Energielenkung und -leitung –
Wohin lenkst du deine Energie?
Das untere Bewusstsein – Energiespeicher und Koordinator –
Welche bewussten und unbewussten Speicher wirken in dir?

 # Kleine Atemübung: Die drei Selbste verbinden

Verbinde die drei Selbst miteinander! Stelle sie dir wie drei Sonnen vor, deren Licht du einatmest und mit dem Ausatmen im Feld verströmst.

Stelle dich aufrecht hin. Lege deine Hände auf deinen Bauch. Spüre den liebevollen Kontakt mit deinem Unteren Selbst. Atme 3-mal blaues Licht in den Bauchnabel/Solarplexus. Spüre, wie sich dein Körper entspannt und die Energie in dir fließen kann. Verweile in deiner Mitte.
Affirmation: *»Ich bin göttliche Kraft.«*

Lege deine Hände auf dein Herz. Spüre den liebevollen Kontakt mit deinem Mittleren Selbst. Atme rosafarbenes Licht in dein Herzzentrum. Fühle in deinen Herzensraum, und atme 3-mal tief ein und aus. Wie geht es dir heute? Atme rosa-goldenes Licht ein. Spüre in die Mitte deiner Brust. Mit dem Einatmen nimmst du Licht auf, mit dem Ausatmen dehnst du deine Herzensflamme aus. Zuerst innerhalb deiner Körperhülle, dann in deine gesamte Aura, sodass du dich in einem wunderschönen, strahlenden, golden schimmernden oder in allen Spektralfarben leuchtenden Lichtfeld befindest.

Affirmation: »Ich bin göttliche Liebe.«

Halte die Hände auf Höhe deiner Zirbeldrüse, und spüre die Öffnung um 360 Grad. Atme 3-mal goldenes Licht in deinen Kopf/deine Zirbeldrüse. Spüre, wie sich das Licht um dich herum in alle Richtungen ausdehnt. Spüre, wie der weiße Lotos sich öffnet und noch mehr Licht einströmt.

Affirmation: »Ich bin göttliche Weisheit.«

Spüre die segensvolle Verbindung der drei Sonnen/drei Ebenen des Selbst. Atme …

… vom Mittleren Selbst zum Unteren Selbst.

Atme …

… vom Unteren Selbst zum Hohen Selbst.

Atme …

… vom Hohen Selbst zum Mittleren Selbst.

Lasse dir Zeit, und spüre die Verbindung und die Energie, die fließt.

Die fünf Körper

Der Mensch hat nicht nur einen, sondern fünf Körper und die Ebene des Unterbewusstseins:

- Physischer Körper – materialisierte Ebene – Element Erde
- Emotionalkörper – fühlende Ebene – Element Wasser
- Energiekörper – agierende Ebene – Element Feuer
- Mentalkörper – geistige Ebene – Element Luft
- Lichtkörper – feinstoffliche Ebene – Element Äther
- Unterbewusstsein – Wissensspeicher

Alle Ebenen und Dimensionen in uns bedienen andere Erfahrungsfelder. Wenn wir all diese Ebenen als lebendige Wesen sehen, die miteinander agieren, damit ein Wunsch sich erfüllt, so ist es gut, sie an einen Tisch zu holen. Es kann vorkommen, dass sie im Widerspruch zu unserem Lebensplan und Wunsch stehen und so seine Erfüllung blockieren. Stelle dir vor, du bringst all deine fünf Körper an einen Tisch. Nun lege deinen Wunsch, dein Ziel auf diesen Tisch. Höre, was jeder einzelne Körper zum Thema zu sagen hat. Stimmen zwei Körper positiv für das Thema und lehnen vier Körper den Wunsch ab, kann er sich nicht erfüllen. Betrachte die bewussten und unbewussten Überzeugungen und Speicher, die dein Wunsch an die Oberfläche bringt. Reinige sie, und gib neue, wohlwollende, positive Eingaben in dein Unterbewusstsein ein.

Beispiel: »Ich wünsche mir einen Partner.«
Der physische Körper sagt: »Oh ja, ich sehne mich nach Nähe.«
Der Emotionalkörper sagt: »Mir geht es gerade so gut. Ich habe keine Lust auf Beziehungsstress.«
Der Energiekörper sagt: »Schon wieder energetisch Achterbahn fahren?«
Der Mentalkörper sagt: »Ein Partner für geistigen Austausch wäre nett.«
Der Lichtkörper sagt: »Nein.«
Das Unterbewusstsein ruft alle ungereinigten gespeicherten Erfahrungen mit alten Beziehungen ab und sagt: »Auf keinen Fall.«

So hast du zwei Körper, die sofort bereit sind, eine Beziehung einzugehen, und vier Körper, die den Wunsch nach einer Beziehung nicht teilen. Meinst du, der Wunsch kann sich manifestieren?

Bringe alle deine Körper in Einklang. Wenn alle Körper im Gleichklang schwingen, dann sind die Magneten auf Wunscherfüllung ausgerichtet.

 ## Übung

Nimm dir Zeit. Verbinde dich mit deinem Hohen Selbst und deinen lichtvollen Helfern. Richte deine Aufmerksamkeit darauf. Sieh und spüre, wie ein brillanter Strom aus Licht über deinen Lichtkörper, deinen Mentalkörper, deinen Energiekörper und deinen Emotionalkörper in deinen physischen Körper einströmt, reinigend, klärend, aufladend und ausrichtend. Fühle das reinigende, heilsame Licht in deinen Körpern. Spüre, wie all deine Körper immer mehr im Einklang schwingen und sich ausrichten anhand der göttlichen Matrix. Sieh dich zunehmend von diesem klaren, strahlenden Licht erfüllt, aufgeladen und durchströmt.
Wie fühlst du dich jetzt? Was brauchst du jetzt für dich, um wieder mit dir im Einklang zu sein? Was hilft dir dabei, mehr bei dir zu sein?

Im Folgenden findest du weitere Übungen, die helfen können, dich mit deinen Wünschen und Visionen wieder in Einklang zu bringen:

- Selbstvergebung & Selbstakzeptanz
- Die Kraft der Rekapitulation
- Das hawaiianische Vergebungsritual Ho'oponopono
- Das Violette Feuer der Reinigung und Umwandlung

SELBSTVERGEBUNG & SELBSTAKZEPTANZ

Ich liebe mich bedingungslos, so, wie ich bin.

Wir sind Menschen, und wir machen Fehler. Als Kinder fühlen wir uns oft schuldig für das, was unseren Eltern widerfährt, und wir bestrafen uns selbst dafür. Auch als Erwachsene bewerten wir unsere eigenen Fehler oft strenger als die der anderen. Wir wollen immer alles perfekt machen, besonders, wenn wir neue Wege gehen. Das schränkt uns stark ein. Im Manifestationsprozess können uns diese alten gespeicherten Programme immer wieder behindern und sabotieren.

Fehler und Umwege gehören zum Leben dazu. Sie halten zudem oft wertvolle Lektionen für uns bereit und können uns helfen, wieder zu uns zurückzufinden. Indem wir uns selbst vollkommen annehmen, wie wir sind, mit allen Stärken und Schwächen, können wir unser ganzes Potenzial entfalten. Die folgende Übung kannst du immer machen, wenn du das Gefühl hast, einen Fehler begangen zu haben.

 ## Übung

Nimm dir Zeit und einen Zettel. Schreibe auf, was du in deinem Leben als Fehler ansiehst. Wo hast du deiner Meinung nach falsch gehandelt oder gewirkt? Wofür gibst du dir die Schuld? Wo wertest du dich selbst ab?

Bewerte jeden Fehler auf einer Skala von 1 bis 10.
- *Wie sehr hat dieser Fehler mich selbst geprägt?*
- *Wie sehr hat er andere Menschen geprägt?*
- *Welche Auswirkung hatte dieser Fehler?*
- *Welche Auswirkungen wird er in 5 Jahren noch haben?*

Nun schreibe dazu, was du aus jedem einzelnen Fehler, aus jedem einzelnen Ereignis gelernt hast.
- *Was war die Lektion dieses Fehlers? Welche Erkenntnis hat er dir geschenkt?*
- *Welche Überzeugung, welchen Glaubenssatz hast du davon abgeleitet?*
- *Inwieweit hat dir dieser Fehler geholfen?*

Gibt es vielleicht noch etwas, was du tun kannst, um die Harmonie wiederherzustellen? Dann tue es! Da du nun siehst, was du aus deinen Fehlern gelernt hast, kannst du Frieden mit dir schließen. Vergib dir selbst. Du bist viel mehr als dieser Zettel. Mache dir bewusst, dass es niemandem dient, wenn du dich kleinmachst, am wenigsten dir selbst.

Sprich:
»Es tut mir leid. (Ich lasse das Leid jetzt los.)
Ich verzeihe mir und anderen. (Ich gebe frei und lasse fließen.)
Ich liebe mich, ich bin unermesslich geliebt. (Liebe ist die Wahrheit.)
Danke. Ich bin froh und dankbar, dass es mich gibt. (Danke für das Ge-
schenk des Lebens.)
Ich liebe und akzeptiere mich so, wie ich bin.«

Oder:
»Ich akzeptiere jeden Fehler als einen natürlichen Schritt auf dem Weg
des Wachsens, des Lernens und der Weisheit. Ich lerne aus meinen Feh-
lern und entwickle mich dadurch weiter.«

Nimm den Zettel mit deinen Fehlern, und verbrenne ihn mit etwas
Räucherwerk. Beobachte, wie er in den Flammen verglüht und zu Asche
wird. Der Mist von gestern ist der Dünger für morgen.

Sage zu dir selbst:
»Das war gestern. Heute wirke ich voller Freude mit an meiner großar-
tigen Gegenwart und vollkommen glücklichen Zukunft. Ich bin jetzt für
immer glücklich, nichts kann mich daran hindern.«

DIE KRAFT DER REKAPITULATION

Vergeben, verzeihen, gebundene Energie befreien

Die Rekapitulation ist eine Art der energetischen Hygiene. Vergebungs- und Reinigungszeremonien gehören zum Leben dazu. Morgens, mittags, abends. Im Kleinen wie im Großen. Je reiner und klarer wir sind, desto durchlässiger werden wir für die reine göttliche Kraft, die uns trägt und führt in der Erfüllung unseres Lebensplans.

Es gibt viele Wege, sich zu reinigen und gebundene Energie in sich zu erlösen. Auf dem Weg in unsere Bestimmung ist es immer wieder hilfreich, das eigene Energiefeld zu klären. Wichtig ist, dass wir in Frieden und in Einklang mit uns selbst kommen. Dieser Einklang kann spontan und plötzlich einfach da sein, er kann aber auch viel Zeit brauchen.

Rekapitulieren bedeutet, dein Leben zusammenzufassen und es Stück für Stück im Geiste nachzuvollziehen und zu wiederholen. Die Kraft der Rekapitulation liegt darin, alles, was du nicht beachtet hast, was bisher verborgen war, an die Oberfläche zu bringen und es wiederzubeleben. Dann erkennst du Widersprüche und Wiederholungen alter Muster und kannst beginnen, sie zu wandeln. Es gibt verschiedene Möglichkeiten, zu rekapitulieren – gebundene Lebenskraft zu erkennen, zu befreien und zu erlösen. Vergebung und Versöhnung ist ein Weg. Unser Energiekörper stößt ständig feine spinnwebartige Lichtfäden aus, die an dem Ort bleiben, an dem wir sie hinterlassen. Zudem sind wir mit den Energiefäden anderer Menschen gespickt. Je stärker die Gefühle waren, die wir zum jeweiligen Zeitpunkt empfunden haben, desto stärker und intensiver sind diese Lichtfäden. Die stärksten Lichtfäden entstehen, wenn Liebe im Spiel ist, und beim Thema »Sexualität«. Sie können bis zu sieben Jahre aktiv sein, bevor sie langsam verblassen.

 ## Übung

Forme deine Hände vor deinem Herzen zu einer Schale. Atme dich vom aktuellen Moment bis zum Moment deiner Zeugung zurück, durch all die Jahre, die du bereits hier bist. Lasse dir Zeit dabei. Spüre den Energiefluss und die Widerstände, dein eigenes Seelenlicht und die Prägungen deines Umfeldes, die Einfluss auf deine Seele genommen haben. Dies kann auch gern mehrere Tage und Wochen dauern. Es ist ein spannender Prozess der Rekapitulation.

Die Praxis der Rekapitulation

Mit der Rekapitulation können wir unsere ursprüngliche Seelenkraft befreien. Wir können über den Atem unsere Energie neu ausrichten und uns von fremden Energien lösen. Sie wird förmlich ausgekehrt und zurückgerufen. Diese Technik bedarf einiger Übung, ist aber sehr wirkungsvoll. Nach einiger Zeit spürt man die wohltuende Wirkung der Selbstbefreiung. Probiere es aus! Jede Übung in diesem Buch ist ein Angebot, das du für dich testen kannst.

Übung: Kehre dein Energiefeld aus

Während dieser Atemübung bewegst du deinen Kopf hin und her, während du dich an bestimmte Szenen aus deinem Leben erinnerst. Durch diese »fegende« Bewegung des Kopfes beginnst du, die Fäden aufzulösen, die Seelenenergie zu dir zurückzurufen und die Linien energetisch zu reinigen. Wenn du diese Übung zum ersten Mal machst, lies sie dir erst einmal ganz durch, bevor du beginnst. Sie ist etwas anspruchsvoller, doch sie lohnt sich: Du kannst mit ihr einen großen Schritt in deinem Manifestationsprozess machen. Erinnere dich dabei an:

* *… alle Orte, an denen du dich aufgehalten hast.*
* *… alle Menschen, die dir je begegnet sind.*
* *… alle Gefühle und Emotionen, die du je gefühlt hast.*

Male deinen roten Lebensfaden, und schreibe alle Ereignisse und Erlebnisse auf, von der Schwangerschaft deiner Mutter an bis zum heutigen Zeitpunkt. Erinnere dich so genau wie möglich. Du kannst die Liste immer weiter vervollständigen und verändern. Notiere zudem alle deine Sexualpartner.

Beginne mit einer Szene, die dich aktuell emotional immer wieder beschäftigt. Erinnere dich an diese besondere Szene. Vielleicht kannst du die Energielinien, die entstanden und gespeichert sind, sehen, fühlen oder auf deine Weise wahrnehmen. Nimm dir Zeit, dich an die alten Szenen aktiv zu erinnern. Visualisiere auch die scheinbar unbedeutenden Details.

- Wie sah der Ort aus, an dem die Szene stattgefunden hat?
- War es Tag oder Nacht? Kühl oder warm? Hell oder dunkel?
- Wie hat es gerochen? Welcher Geschmack kommt dir in den Sinn?
- Gab es besondere Geräusche? Naturgeräusche wie das Rauschen eines Wasserfalls, Musik, Töne, Klänge?

Hole die ganze Szene aktiv zurück, und beginne dann mit dem Fegen. Atme deine Energie zu dir zurück und die aufgenommenen Fremdenergien aus. Atme ausschließlich durch die Nase. Du kannst die Bewegung und die Atmung nun erst einmal üben. Wenn du die Bewegung zusammen mit der Atmung verinnerlicht hast, kannst du alles miteinander verbinden. Konzentriere dich auf deine Körpermitte. Spüre, wie die gebundene Energie zu dir zurückfließt und fremde Energie dein Sein verlässt.

- Stelle sicher, dass du Ruhe hast und ungestört bist.
- Du kannst dir Musik anstellen.
- Nimm eine angenehme Haltung ein, am besten setzt du dich hin.
- Beginne auf der linken Seite. Drehe deinen Kopf nach links, atme durch die Nase ein, und stelle dir vor, wie deine Energie gereinigt und geklärt über das Hohe Selbst zu dir zurückströmt.
- Bewege den Kopf langsam von links nach rechts, atme dabei durch die Nase aus, und lasse alle fremde und unerwünschte Energie los.

- *Der Kopf bewegt sich durchgehend, fließend, dem Atemrhythmus folgend. Es ist, als ob du die ganze Szene ausfegst.*

Während du den Kopf nach links bewegst, atmest du ein und ziehst mit der Einatmung die Energie gereinigt und geklärt in dich zurück. Mit dem Ausatmen gibst du alle fremde Energie zurück. Tausche die Energie so lange über den Atem, bis nichts mehr kommt. Bei karmischen und konfliktgeladenen Beziehungen kann dies ein paar Atemzüge dauern.

Zugegebenermaßen ist es nicht ganz einfach, sich auf eine ganz bestimmte Erfahrung der Vergangenheit zu konzentrieren, dabei den Kopf zu bewegen und zu atmen. Doch mit etwas Übung läuft das »Ausfegen« wie von selbst. Man spürt, wie die Energie sowohl physisch als auch psychisch zurückkehrt und die Fremdenergie verschwindet. Je deutlicher und klarer du die Energiefasern spürst, desto mehr Energie fließt zu dir zurück. Fege deine Energie herein und die fremden Energien hinaus, rhythmisch und gleichmäßig. Wenn nichts mehr fließt und du merkst, dass der Prozess beendet ist, halte in der Mitte inne. Halte den Atem an, und drehe den Kopf noch einmal langsam nach links und wieder nach rechts. Komme in die Mitte zurück, und atme normal weiter. Damit kannst du ein Kapitel energetisch schließen und den Energiefluss stoppen.

Wenn du gründlich rekapitulierst, spürst du, dass du die Vergangenheit nicht nur losgelassen, sondern sie im energetischen Sinne neutralisiert hast. Du löst die Lebenserfahrung von deiner Lebenskraft und hast Letztere wieder ungebrochen zur Verfügung, um das Licht der Quelle zu verwirklichen.

Tipp: *Du kannst von der Geburt bis zu deinem jetzigen Lebensmoment rekapitulieren. Du kannst bestimmte Szenen rekapitulieren. Du kannst den Fegeatem jeden Abend machen, um den Tag zu rekapitulieren.*

DAS VERGEBUNGSRITUAL HO'OPONOPONO

Vergib, bevor die Sonne untergeht.
Wer vergibt, aber nicht vergisst, der hat nicht vergeben.
Vergeben bedeutet, vollständig loszulassen.

Ho'oponopono ist ein traditionelles hawaiianisches Vergebungsritual.

HO'O = machen, begründen, tun
PONO = flexibel, richtig, stimmig
PONOPONO = etwas in Ordnung bringen, sich um etwas kümmern
HO'OPONOPONO = etwas richtig stellen, einen Irrtum auflösen, liebend korrigieren, in die göttliche Ordnung zurückkehren, übernatürliche Kräfte mit einbeziehen und zum Wohle aller wirken lassen

Kurz: Ho'onopono bedeutet die Harmonie wiederherstellen.

Es gibt verschiedene Arten des Ho'oponopono. Ich stelle dir hier eine kurze Version vor, die du im alltäglichen Leben bequem und gut anwenden kannst. Der Grundsatz des Ho'onopono ist dieser:

»Ich erkenne an, dass das, was ich erlebe, mit mir zu tun hat, sonst wäre es nicht in meinem Leben. Du bist ein anderer Teil vom großen Ganzen. Du und ich sind eins. Ich finde den Teil in mir, der kreiert hat, dass ich erlebe, was ich erlebe. Ich spreche zu diesem Teil in mir und sage ihm: ES TUT MIR LEID. BITTE VERZEIHE MIR. LIEBE IST DIE WAHRHEIT. DANKE.«

Frage dich stets: Wenn ich Schöpfer/Schöpferin meines Lebens bin, warum habe ich mir diese Situation erschaffen? Wo ist die Resonanz in mir? Woran erinnert mich das? Wo ist das Thema in meiner Ursprungsfamilie? Fühle das Thema in dir. Wo sitzt es? Und befolge stets die folgenden sechs Schritte:

Lasse das Gefühl aufsteigen, und sprich:
1. Es tut mir leid. – Ich erkenne das Leid an, dass es in mir erzeugt.
2. Bitte verzeihe mir. – Ich löse das Leid aus mir.
3. Liebe ist die Wahrheit. – Ich gebe alles in den Fluss des Lebens.
4. Danke. – Ich bin dankbar, dass es gelöst ist und nun gereinigt wird.
5. Ich gebe es in die Liebe und lasse los.
6. Ich bin bereit, ein Wunder zu bezeugen.

Du kannst auch sagen: »Ich verstehe dich, ich liebe dich, ich ehre dich, danke.« oder »Aloha – E kala Mai – Mahalo.«

ALOHA – Ich heiße das Thema in der Liebe willkommen.
E KALA MAI – Ich reinige das Gefühl.
MAHALO – Ich danke für die Reinigung.

DAS VIOLETTE FEUER DER REINIGUNG UND UMWANDLUNG

Das Violette Feuer dient der Umwandlung und Kurskorrektur. Es ist wie ein kosmischer Schwamm, mit dem du die vollgeschriebenen Tafeln deines Unterbewusstseins leeren kannst. Die Violette Flamme hilft, alte Muster zu wandeln, Glaubenssätze zu verabschieden und unerwünschte Manifestationen zu erlösen. Sie steht allen Menschen sowie allen anderen Ebenen, der Natur, den Tieren, den Pflanzen, dem gesamten Planeten zur Verfügung und kann jederzeit durch Konzentration und Anrufung aktiviert werden. Es gibt sehr viele Wege, mit der Violetten Flamme der Umwandlung zu wirken.

Wenn du die Violette Flamme in die Tat rufst, so bitte beispielsweise den Violetten Strahl, Erzengel Zadkiel und Lady Amethyst, Saint Germain,

Lady Portia, Quan Yin, den karmischen Rat und deinen Schutzengel, dir zur Seite zu stehen und das Violette Feuer zu verstärken.

Violett mit Silber ist Reinigung und Gnade.
Violett mit Weiß ist Umwandlung, Reinigung und Frieden.
Violett mit Gold ist siegreiches Gelingen.

Übung: Gebundene Energien befreien und lösen

Schreibe auf, welche gebundenen Energien du in deinem Leben befreien und erlösen möchtest.

Nimm eine bequeme Position ein. Verbinde dich auf deine Weise mit den Erzengeln, den Meistern und deinem Schutzengel. Konzentriere dich auf die Violette Flamme, die sich in einem Umkreis von mehreren Metern um dich herum aufbaut. Lasse sie immer stärker werden. Halte deine Handflächen nach oben, und spüre, wie Violette Flammen aus deinen Handchakras strömen. Beginne nun, deine Aura zu reinigen. Spüre und stelle dir vor, wie die Violetten Flammen um dich herum und jene aus deinen Händen alle dunklen Energien auflösen und wandeln, so lange, bis die Violetten Flammen ruhig, friedlich und hell sind. Du kannst dabei folgende Affirmation sprechen: »Violettes Feuer, lodere, lodere, lodere in, durch und um jedes Elektron, verwandle jede disharmonische Schwingung in Licht, bis sie dem göttlichen Plan entspricht.« Sieh, wie sich alle Atome von alten Ablagerungen befreien und immer heller und schneller schwingen. Spüre, wie die alten Tafeln in dem Vio-

lett gelöscht und gereinigt werden, wie sich alle dunklen Wolken in dir und um dich herum auflösen. Spüre, wie dein Energiefeld immer klarer, heller und weiter wird, bis in die höchsten göttlichen Dimensionen. Spüre, wie du mit goldweißem Licht aufgefüllt wirst. Immer heller und strahlender.

Bedanke dich auf deine Weise, und übergib den Zettel, den du zuvor beschrieben hast, mit etwas Räucherwerk dem Feuer.

Tipp: Diese Übung kannst du gut in zwischenmenschlichen Beziehungen anwenden.

Praxisübungen zur
MANIFESTATION
für deinen Alltag

- dein Kraftplatz
- dein persönliches Tagebuch
- deine persönliche Paradiesausrichtung
- tägliche Zielausrichtung –
  das Morgen- und das Abendritual
- monatliche Ausrichtung
- langfristige Zielausrichtung

KRAFTPLATZ – TEMPELPLATZ – SPIEGELPLATZ

Erschaffe dir einen Platz für dich selbst. Verbringe Zeit mit dir allein, lerne dich selbst kennen und lieben. In dir ist alles, was du brauchst, um dein Leben glücklich zu gestalten.

Du bist die Hauptperson in deinem Leben. Gäbe es dein Leben und all deine Erfahrungen nicht, gäbe es dich nicht. So gib der Hauptperson in deinem Leben die Hauptrolle. Laufe nicht vor dir weg, sondern komme bei dir an. Nur so kannst du von innen heraus beginnen, dein Leben zu gestalten und zu formen. Lerne dich selbst immer besser kennen, dann beginnt dein Selbst von allein, dein Leben nach seinem ihm innewohnenden Plan zu gestalten. Ein Kraftplatz kann dir helfen, dein wahres Selbst zu entfalten.

Wähle einen Ort, an dem du dich wohlfühlst. Erschaffe einen kreativen Platz, einen kreativen Raum für dich selbst. Es sollte ein ruhiger Ort sein, an dem du ungestört bist und täglich mindestens 30 Minuten für dich sein kannst. Er sollte mit allem ausgestattet sein, womit du dich wohlfühlst, und erfüllt sein von deiner Energie und dich widerspiegeln.

Hier ein paar mögliche Utensilien für deinen stillen Ort:
- ein schönes Tuch in deinen Lieblingsfarben
- Bilder, die du liebst, mit Spirits, Menschen, Meistern, Engeln, Ahnen, Krafttieren, Orten, mit denen du verbunden bist
- Spiegel, damit du dich sehen lernst
- eine Kerze, die zu dir passt und dein Selbst in Farbe, Größe und Form widerspiegelt
- ein Tagebuch und ein Stift
- entspannende Musik
- Musikinstrumente
- Kristalle oder ein Edelstein, den du magst
- Orakelkarten, die du liebst
- Gegenstände, die Kraft haben, dir Kraft geben und dir guttun
- Malutensilien
- ein Buch, das du gern lesen möchtest
- alles, was sonst noch für dich wichtig ist

Betrachte deinen Ort. Er beginnt – sobald du ihn eingerichtet hast –, ein Eigenleben zu führen. Er wird dich spiegeln: Kümmerst du dich um dich? Bist du mit dir in Kontakt? Verbringst du Zeit mit dir selbst? Oder verkümmert dieser Ort mit der Zeit? Ist dieser Ort ein Tempel, ein Altar deines Herzens oder eine Räuberbude? Dieser Ort zeigt, wie du mit dir selbst umgehst. Dies ist der erste Schritt hin zu dir und damit zu einer aktiven und glücklichen Lebensgestaltung. Sei bereit, dein Leben in deine liebenden Hände zu nehmen und es so zu formen, dass du glücklich, zufrieden, vital, gesund, freudvoll bist ...

Wie soll dein Leben sein? Überlege, was du in deinem Leben erfahren möchtest.

Suche diesen Ort, sooft es dir möglich ist, auf. Nimm dir bewusst Zeit für dich, denn in dir ist alles, was du brauchst, um dein Leben zu gestalten. Dieser Ort ist ein Ort der Kraft, deiner Kraft. Hier kannst du dich aufladen, reflektieren, dich reinigen, dich ausrichten, deinen Kurs korrigieren, dich selbst erkennen und beginnen, dein Leben kraftvoll und positiv zu gestalten.

Du kannst dir gern auch zwei Orte erschaffen: einen in deiner Wohnung, einen in der Natur. Suche diese Orte täglich bewusst auf. Wenn du einmal keine Zeit für dich hast, dann lege einen Termin fest, wann du dich wieder mit dir selbst verabreden möchtest. Versprich dir, dich nicht mehr zu vernachlässigen oder hintanzustellen, sondern dir selbst einen Platz zuzugestehen, so, wie du ihn auch anderen zugestehst.

Segne deinen Ort. Erschaffe dir ein kleines Ritual für deinen Ort, das du zu Beginn und zum Abschluss begehst. Hier ein paar Ideen:

Zu Beginn:
- eine bestimmte Musik auflegen
- eine Kerze entzünden
- ein Räucherstäbchen anzünden
- ein Gebet, ein Mantra oder eine Affirmation sprechen
- eine Orakelkarte ziehen

Zum Abschluss:
- eine kurze Reflexion schreiben
- deinen Ort segnen
- die Kerze auspusten
- ein Gebet, ein Mantra oder eine Affirmation sprechen

Indem du deinen persönlichen Rahmen schaffst, bündelst du das Licht an diesem Ort. Du erschaffst einen geistigen Raum der Sicherheit und Beständigkeit. Mit der Zeit entsteht an diesem Ort ein mächtiger Lichtkanal in die Geistige Welt. Du kommst jedes Mal schneller bei dir an. Der Zugang zu dir selbst wird leicht und mühelos. Zudem fließen Inspirationen und Antworten aus höheren Ebenen und Dimensionen leicht und mühelos zu dir.

Ich selbst führe gern Tagebuch an meinem Kraftplatz. Darin stehen mein persönliches Ritual zu Beginn, mein persönliches Ritual zum Abschluss und jeweils eine kurze Zusammenfassung meiner Erkenntnisse an diesem Ort.

Übung: Kerzenlicht, erinnere mich

Licht ist in allem. Licht ist in dir. Das lebendige kreative Licht des Lebens führt und leitet dich aus dem Zentrum deines Herzens.

Immer wenn du dich an deinem Kraftort befindest und Zeit mit dir selbst verbringst, zünde eine von dir gewählte Kerze an. Du kannst auch Kerzen für Menschen oder Tiere, die du liebst oder die vielleicht gerade ein Licht gebrauchen können, oder für das, was dich gerade beschäftigt, anzünden. Das Licht der Kerze erinnert dich an das Licht, das jetzt in deinem lebendigen Sein leuchtet. Es erinnert dich an das ewige Licht in dir und das endliche Sein des Lichts in der physischen Form. Betrachte das Kerzenlicht. Das Wachs, das schmilzt, ist wie die Zeit, die hier auf der Erde verrinnt. Auch wir Menschen haben eine gewisse »Brenndauer«, bevor wir wieder in das Licht der Ewigkeit zurückkehren. Lebenszeit ist kostbar. Wir können so viel Gutes für uns und für andere bewirken, wenn wir uns auf das ewige Licht im Herzen ausrichten und unseren einzigartigen Erdenweg im Licht der Ewigkeit gestalten.
Zünde deine Kerze jeden Tag an, schaue in ihr Licht, und reflektiere deinen Tag. Mache dir das ewige Licht im endlichen Sein bewusst, und frage dich, ob du heute das getan hast, was du tun wolltest. Führe ein Tagebuch, wenn du möchtest.
Bevor wir in dieses Erdenleben eingetreten sind, wurden uns Talente, Fähigkeiten und eine einzigartige Schwingung mitgegeben, damit wir sie in dieser Welt offenbaren und damit neue Wege öffnen. Oft ist das, was wir suchen, das, was wir selbst der Erde bringen können.
Wonach sehnst du dich in dieser Welt? Was wünschst du dir für diese Welt? Woran möchtest du dich immer wieder erinnern, um dir selbst Mut zuzusprechen?

DEIN PERSÖNLICHES TAGEBUCH

Nimm dir Zeit, entzünde eine Kerze für dich. Formuliere deine persönliche Vision, deine Wünsche und deine Ziele, um dein Leben glücklich zu gestalten. Du kannst Wünsche, Träume, Visionen und Ziele zu Papier bringen, kannst sie durchstreichen, überschreiben und neu formulieren, wenn die Impulse dazu kommen. Es gibt keine Grenzen. Habe Spaß und Freude an deinem Leben, an deinem Sein, an den schöpferischen Kräften, die du in dir trägst, und an der Gestaltung deiner erfahrbaren Wirklichkeit. Jetzt ist die Zeit der Planung und Gestaltung!

Impuls: Reflexionen im Licht

Nimm dir Zeit, und betrachte dein Leben. Nimm dein Tagebuch zur Hand, und beantworte folgende Fragen:

- *Gab es ausgesprochene Wünsche, die dir erfüllt wurden? Wenn ja, welche? Wie war das für dich?*
- *Gab es Zeiten, in denen du dir deine Wünsche und Träume selbst erfüllt hast? Wenn ja, was hast du für ihre Erfüllung getan? Wie hat sich das angefühlt?*
- *Gab es Momente, in denen du dein Leben in deine liebenden Hände genommen hast, um es selbst zu gestalten?*
- *Gab es Abzweigungen, die du bewusst gegangen bist?*
- *Was macht dich zum Opfer deines Lebens? Was macht dich zum Schöpfer/zur Schöpferin deines Lebens?*

Betrachte deine Notizen. Vielleicht wird dir bewusst, wie oft dir in deinem Leben schon Wünsche erfüllt wurden, wie oft du dein Leben selbst gestaltet und selbst in die Hand genommen hast. Lebensgestaltung, Wunscherfüllung und Zielverwirklichung sind ein natürlicher Prozess, der jedem von uns innewohnt, ob wir uns dessen bewusst sind oder nicht.

DEINE PERSÖNLICHE PARADIESAUSRICHTUNG

HAWAII – das Paradies, ein Ort in dir
HA – die Atmung
WAI – die ewig fließende, strömende Lebensenergie
I – die aus dem Höchsten kommt

Deine persönliche Paradiesausrichtung kannst du jeden Tag, einmal wöchentlich oder immer dann, wenn es für dich stimmig ist, durchführen. Bei dieser Übung geht es darum, dich emotional auf die Schwingung des Paradieses einzustellen und immer weiter in den Ebenen des Paradieses in dir zu erwachen. Der Himmel ist direkt unter uns. Er ist ein Zustand in uns, den wir erwecken können.

1. Zeit für dich selbst

Schaffe dir Zeit und Ruhe. Wähle einen sonnigen, ruhigen Platz, vielleicht in der Natur. Schließe deine Augen, und stimme dich auf das Paradies in dir ein. Was ist dein inneres Paradies? Wo fühlst du dich vollkommen sicher und geborgen? Welche Farben, Gerüche, Geräusche bringt dein inneres Paradies hervor? Welche Plätze und Orte kannst du dort entdecken? Wen kannst du dort treffen? Male dir dein Paradies so lichtvoll wie möglich aus. Es gibt keine Grenzen.

2. Der Platz an der Sonne – Verbindung mit dem Hohen Selbst

Stelle dir über dir eine Sonne vor. Sieh eine hellgolden strahlende Sonne in und um deinen Kopf. Spüre ihre feinen, hellgoldenen Flammen. Sie strahlen durch deinen gesamten Geist. Sie klären deine Gedanken, sodass nur noch reine, göttliche, kreative Energie in deinem Sein ist. Sieh, wie das ätherische Doppel deines materiellen Körpers in reinem weißem Licht leuchtet und strahlt. Schaue genau hin, und beachte alle Farben, die das weiße Licht enthält. Atme tief durch, und wünsche deinem Körper Regeneration, reine Ströme des Lichts und strahlende Gesundheit.

3. Die Wächter an den Toren – ablegen, was dein Herz beschwert

An den Toren in dein Paradies stehen Wächter. Sie scannen dich. Es ist Zeit, alles abzulegen, was dich belastet und beschwert. Hebe deine linke Hand, und lege alles, was dich belastet, in die goldenen Schalen links neben deinen Wächtern. Spüre oder denke nach, ob es noch andere Dinge gibt, die dich belasten. Hebe die rechte Hand, und lege alles, was dich schwer macht, in die goldenen Schalen rechts von deinen Wächtern. Wie geht es dir jetzt? Ist dein Herz leicht wie eine Feder, so kannst du in dein Paradies eintreten.

4. Rückkehr in das Paradies – verweilen, aufnehmen und ausstrahlen

Betritt das Paradies. Denke an dein derzeit höchstes Ziel, an deinen schönsten Traum und deinen innigsten Wunsch. Lasse deiner Fantasie freien Lauf. Vielleicht kommt dir ein Bild in den Sinn, das dein Paradies visuell zum Ausdruck bringt. Ein wunderschöner Strand, Sonnenschein, türkisfarbenes Wasser, Delfine und Wale, ein Sonnenaufgang, spielende Kinder auf einer Wiese, Lichtengel, du selbst vollkommen glückselig und erfüllt … Stimme dich gefühlsmäßig immer stärker auf die Bilder, Fantasien und Energiefrequenzen ein. Spüre, wie dein ganzer Körper, dein ganzes Sein davon erfüllt wird. Wie die Energie des Paradieses in deine Füße strömt, in deinen Bauch, in deinen Herzraum, deinen Hals und deinen Kopf, darüber hinaus in dein Energiefeld und deine Aura und diese vollkommen erfüllt. Bade förmlich, so lange es dir möglich ist, in dieser Energiefrequenz. Wie fühlst du dich jetzt?

5. Das Paradies auf Erden verwirklichen

Ein wunderschönes Lichtwesen oder eine ganze Gruppe erscheint in deinem Paradies. Du kannst dich mit ihm oder ihnen austauschen. Frage dich: Wie und wodurch kannst du diese wundervollen Frequenzen, die Fülle, den Wohlstand, diese gesunde, strahlende Lebenskraft auf Erden verwirklichen? Öffne dein Herz ganz weit. Dir wird etwas in dein Herz eingegeben. Vielleicht erhältst du auch eine konkrete Anweisung oder einen Rat. Was auch immer es ist, nimm es mit zurück in die irdischen Ebenen.

Speichere dieses nährende, warme, allumfassend liebende, freudvolle Gefühl der Glückseligkeit ab. Schreibe eine kurze Sequenz in dein Tagebuch: »Das Geheimnis, alles in meinem Leben zu erschaffen, was ich mir wünsche, ist, in die Freude zu kommen, in der Freude zu sein und aus der Freude heraus zu wirken.«

TÄGLICHE ZIELAUSRICHTUNG

Hier und Jetzt

Jeder Tag hat seinen eigenen, ganz besonderen Wert.
Jeder Tag birgt eine Chance, eine Aufgabe, eine Botschaft.
Achte gut auf diesen Tag, denn er ist das Leben. Das Leben
allen Lebens! So wie in einer einzelnen Zelle die Wirklichkeit
des Universums enthalten ist, liegt in dem kurzen Ablauf
eines Tages alle Wirklichkeit und Wahrheit des Daseins.
Denn das Gestern ist nichts als ein Traum und das Morgen
eine Vision. Das Heute jedoch recht gelebt, macht jedes
Gestern zu einem Traum voller Glück und jeden Morgen zu
einer Vision voller Hoffnung. Darum achte gut auf diesen Tag!

(Rumi)

Erschaffe dir ein kleines Morgen- und ein kleines Abendritual! Hier einige Impulse, was du dabei beachten kannst:

Morgenritual

Guten Morgen! Es ist Zeit, aufzustehen und eine kraftvolle Intention für diesen einzigartigen Tag zu setzen, um diesen wundervollen vor dir liegenden Tag zu gestalten. Recke und strecke dich dem neuen Tag entgegen. So sind an jedem neuen Tag Frieden und Glück in deinem Herzen.

Mache dir jeden Morgen bewusst: »Heute schenkt mir die Schöpfung einen neuen Tag, an dem ich frei und kreativ wirken kann. Ich kann meinen Tag liebevoll und kraftvoll gestalten. Ich danke für diesen Tag. Heute habe ich 60.000 neue Gedanken, neue Handlungsspielräume, neue Möglichkeiten. Heute kann ich alles anders machen als gestern. Ich danke für diesen Tag und für all die Segnungen, die er mir bringt. Der Wind trägt mir alles zu, was ich für heute wissen muss.«

Spüre in den Tag hinein: Wie fühlt sich der Tag für dich an? Setze eine kraftvolle Intention für diesen einzigartigen Tag. Nimm ein paar tiefe, kräftige Atemzüge. Fühle dich in deinem wundervollen Körper, diesem Wunderwerk der Schöpfung. Streiche über deinen Körper, strecke dich, und fühle die Liebe für dich selbst und für diesen großartigen Körper.

Dankbarkeit flutet das Unterbewusstsein mit positiver Kraft. Spüre: »Ich habe ein Dach über dem Kopf, einen Platz zum Leben und zum Wachsen, Menschen und Tiere, die ich liebe und die mich lieben, Trinken, Essen und unbegrenzte Möglichkeiten, mich zu erfahren und auszudrücken. Ich kann lernen, mich weiterentwickeln, über mich hinauswachsen.« Denke dabei an deine persönlichen Segenspunkte in deinem Leben.

Bewusstes und tiefes Atmen lädt Körper, Geist und Seele mit vitaler, purer Lichtenergie auf. Sprich: »Oh, großartige Schöpfung, Atem kommt von dir. Alo –«, atme ein. »Ha –«, atme aus. Liebe ist immer da. Nimm ein paar tiefe, lange Atemzüge. Fülle deine Lungen und deinen ganzen Körper durch die tiefe Atmung mit Licht und frischer Energie. Lenke das Licht durch die Atmung in deinen ganzen Körper. Bade im Licht des neuen Tages.

Jeder neue Tag ist ein neues leeres, wundervolles Blatt, das du gestalten kannst. Mache dir bewusst: Heute ist ein ganz besonderer Tag. Dieser neue Tag ist ein leeres Blatt im Universum, das du beschreiben und gestalten kannst.

- Was willst du heute erschaffen?
- Was steht heute für dich an?
- Was hast du heute zu tun?
- Was bringt dich heute deinen Wünschen, deiner Vision, deinen Zielen näher?
- Wie willst du heute für dich selbst sorgen?
- Welche Gefühle möchtest du heute spüren?
- Wie willst du dich in der Welt sehen?
- Wie willst du mit anderen Menschen interagieren?

Segne den vor dir liegenden neuen Tag! Spüre den Segen, der immer da ist. Stelle dir vor, wie der Segen in dein Leben strömt, wie die Geistige Welt diesen Tag im höchsten Sinne vorbereitet und alles leicht geht und im Flow ist. Freue dich darauf, dass sich deine persönliche Tagesvision positiv und leicht entfaltet.

Setze eine kraftvolle Intention für Unerwartetes! Manchmal entfalten sich Dinge nicht so, wie wir sie erwarten, oder sie nehmen eine ungeahnte Wende. Die Frage ist: Wie möchtest du damit umgehen? Mit

Leichtigkeit und Kraft? Mit Liebe und Mitgefühl? Gelassen und friedvoll? Mit Weisheit und Güte?

Vergegenwärtige dir deine Einzigartigkeit und diesen neuen Augenblick der Kraft. Mache dir bewusst: Du bist einzigartig. Dich gibt es kein zweites Mal. Keiner hat deine Talente, deine Erfahrungen. Keiner fühlt wie du. Du bist vom Himmel gewollt, genau so, wie du bist.

Wähle eine wundervolle Affirmation für diesen Tag. Sage mit großem Gefühl, leise oder laut:

»Ich bin hier, weil der Himmel mich liebt und mich gewollt hat.«
»Ich bin vom Himmel gewollt, geliebt, angenommen, beschützt und gesegnet.«
»Ich werde so geliebt und angenommen, wie ich bin.«
»Dieses Leben ist ein Geschenk der Schöpfung, des Universums, an mich.«
»Dies ist ein großartiger Tag. Ich werde diesen Tag zu einem ganz besonderen Tag machen.«
»Ich bin zuversichtlich. Heute bin ich vital, kreativ, schöpferisch und voller Lebensfreude.«
»Heute bin ich entspannt und gelassen.«
»Heute bin ich energiegeladen und enthusiastisch.«
»Ich lebe mein volles Potenzial. Ich wachse über mich hinaus.«
»Ich öffne mich und erwarte Wunder, Segen und positive Überraschungen.«
»Ich bin ein Segen für alle und alles, was an diesem heutigen Tag geschieht.«
»Ich bin gesund, reich und glücklich. Ich bin frei. Heute ist ein wundervoller Tag.«

Kreiere deine eigene positive Tagesaffirmation, die zu deinem Leben und deiner Wunschausrichtung passt!

Ein Gebet der Kraft, eine Karte der Weisheit, ein Satz der Erkenntnis – empfange eine Botschaft, die dich heute begleitet: Wähle ein Weisheitsbuch, ein Kartendeck, das du liebst, oder etwas anderes, was dein Herz erfreut. Lege es an deinen Schlafplatz, wo es immer griffbereit ist. Ziehe gleich nach dem Aufwachen eine Karte, oder schlage das Weisheitsbuch auf, und schaue, welche Worte dir das Universum für heute sendet. Du bist niemals allein, sondern getragen und eingebettet in wundervolle Kräfte, die dich lieben, umgeben, führen, lenken und leiten und dir eine Botschaft für den heutigen Tag senden. DANKE!

Starte frisch und vital in deinen neuen Tag! Danke für diesen einzigartigen Tag, der dich freudvoll wachsen, atmen, leben und neue Erfahrungen machen lässt. Wenn du länger in positiver Energie baden möchtest oder mehr Zeit zur Verfügung hast, so kannst du die folgenden zwei Übungen machen.

Übung: Zielausrichtung am Tag

Gedanken sind wie flitzende Affen. Sie verselbstständigen sich und fahren ab und an mit dir Karussell. Aber du bist der Schöpfer deiner Gedanken, und nur du kannst ihnen eine positive Richtung geben.

Male einen roten Punkt auf ein leeres Blatt, und hänge es über deinen Schreibtisch oder an den Platz, an dem du dich am meisten aufhältst. Der rote Punkt ist dein Fokuspunkt. Wann immer dir dieser Punkt ins Auge fällt, halte inne und frage dich: »Wo bin ich gerade mit meinen Gedanken?« Beobachte deine Gedankengänge. Wenn sie nicht wohltuend sind, so sage einfach: »Stopp!« Halte das Gedankenkarussell an, und steige aus. Komme wieder ganz zu dir selbst. Konzentriere dich einen Moment auf den Raum zwischen den Gedanken, und fühle, wie sich die Gedankenwolken auflösen und der Himmel in dir wieder klar wird. Atme das Licht ein, und dehne es in dir aus.

Fokussiere dich neu – auf das, was du möchtest. Handle und wirke aus diesem Fokus heraus. Du kannst jede Energie in eine positive und kraftvolle Richtung drehen.

Kleine Morgenmeditation

Schließe deine Augen. Komme zu dir selbst. Stelle dir eine goldene Sonne über dir vor. Atme das Licht dieser Sonne zum Kronenzentrum ein und zum Bauchnabel aus. Stelle dir dabei vor, wie sich das Licht in dir und um dich herum ausbreitet und verströmt. Immer heller und immer strahlender! Spüre, wie dein gesamtes Energiefeld mit goldenem oder einem Licht, das deiner Seele guttut, aufgefüllt wird. Spüre, wie deine Intuition immer mehr zu leuchten beginnt.

Sprich leise zu dir selbst: »Ich ehre und achte mich!« Atme weiter von deinem Kronenzentrum in deinen Bauch.

Verbinde dich mit deinen Engeln und deinem inneren Meister, deiner inneren Meisterin. Werde still. Warte, bis du seine oder ihre Gegenwart bemerkst. Konzentriere dich auf deinen göttlichen Plan, und höre, was zu seiner Ausführung notwendig ist. Bitte um ein deutliches Zeichen und einen kräftigen Impuls. Hier in der inneren Welt, in der Schwingung des höchsten Lichts, gelingt es dir. Indem du still wirst, nach innen horchst, werden kreative Impulse und klare Eingebungen immer stärker. Du wirst geführt und bist in der Lage, Großes zu vollbringen.

Es macht sehr glücklich, ja, glückselig, auszuführen, wofür man hergekommen ist. Du bist ein Gott, eine Göttin im Werden, im Himmel und auf Erden. Die Kraft deines Herzens wird gespeist, sodass du in keinem Gebiet des Lebens Mangel erleiden wirst. Das göttliche Selbst allein besitzt den Schlüssel der mächtigen Schöpferkräfte des Universums. Bei allem, was du tust und machst – sei mit dir in einem guten, liebevollen, zärtlichen, sanften, geduldigen und freundschaftlichen Kontakt.

Abendritual

Guten Abend! Gute Nacht! Es ist Zeit, zu reflektieren, auf den Tag zurückzublicken und die Segenspunkte des Tages zu erkennen.

Schließe den Tag im Frieden und in der Liebe ab. Spule ihn dafür rückwärts ab, und gehe gedanklich zurück bis zum Morgen. Stelle dir folgende Fragen:

- Welcher Segen wurde mir heute zuteil?
- Welchen Beitrag habe ich heute geleistet?
- Was habe ich heute gelernt?
- Wem habe ich heute etwas bedeutet?
- Welche Angelegenheit möchte ich Gott und den Engeln übergeben?

Setze eine starke Affirmation für die Nacht! Hier einige Beispiele:

»Ich genieße einen tiefen und erholsamen Schlaf.«
»Ich bin umgeben und durchdrungen von den lichtvollen Kräften meiner Engel und liebevollen Spirits, die mein geistiges Licht um tausend Sonnen erleuchten.«
»Ich danke für den Schutz und die göttliche Führung in der Nacht.«
»Ich danke für die Eingebungen und die Lösungen, die mir im Schlaf offenbart werden.«
»Ich liebe das Universum, und das Universum liebt mich.«
»Ich werde gesund im Schlaf.«
»Ich werde reich im Schlaf.«
»Ich glaube an mich selbst. Ich bin beschützt, geführt und getragen.«
»Ich bin in glücklichen und liebevollen Verbindungen und danke für mein wundervolles Netzwerk. Alles geschieht leicht und mühelos.«
»Ich bin glücklich, voller Zuversicht und gesund.«
»Meine Regenerationskräfte wirken in der Nacht besonders stark.«
»Mein Körper, mein Geist und meine Seele sind im Einklang.«
»Ich vertraue meiner göttlichen Intuition.«

»Ich kann meine Ziele und Visionen erfolgreich und leicht umsetzen.«
»Ich danke für all die Wunder und den Segen in meinem Leben.«
»Ich kann alles in mein Leben ziehen, was ich mir wünsche.«
»Erfolg zu haben, ist einfach für mich.«

Formuliere deine eigene kraftvolle Abendaffirmation, und nimm sie jeden Abend mit in die Nacht!

Wenn du länger in einer positiven Energie baden möchtest, so kannst du vor dem Schlafengehen die folgenden zwei Übungen machen:

 ## Übung: Abendritual

Lasse den Tag vor deinem inneren Auge rückwärts ablaufen. Wasche deine Füße, und stelle dir vor, wie alle Erlebnisse des Tages aus dir hinausfließen und du immer reiner und klarer mit deiner wundervollen Lebensenergie verbunden bist. Zünde eine Kerze an. Schaue für ein paar Minuten in das Kerzenlicht. Dann betrachte deine Zielcollage, und visualisiere deinen Wunsch. Ein klarer Kristall kann deinen Wunsch verstärken. Du kannst ihn während deiner Visualisierung in der Hand halten. Wenn du deine Affirmation oder ein kleines Gebet sprichst, aktivierst du die höheren Lichtebenen. Lasse Raum für das Universum, und denke daran: »Dies oder noch etwas Besseres geschieht jetzt in meinem Leben.« Auf diese Weise gibst du dein Wunschbild in dein Bewusstsein, das im Schlaf in die große Stille eingeht. Dort wird es mit der göttlichen Kraft aufgeladen.

Erschaffe dir ein positives Abendritual, sodass du die erholsame, erfrischende und regenerierende Kraft und Energie nutzen kannst, die im Schlaf und in den Träumen wirken.

Kleine Abendmeditation

Schalte Fernseher, Handy und Computer aus. Alles, was du vor dem Einschlafen über deine Sinne aufgenommen hast, wirkt in der Nacht weiter und bestimmt deinen Schlaf und dein Wohlbefinden. Schalte um, von der Fremdbestimmung auf die Selbstbestimmung.

Vorbereitung:
Nimm ein Fußbad mit etwas **Salz.** Lasse alle Energien des Tages über die Füße aus deinem Körper fließen, indem du bewusst ein- und ausatmest. Mit dem Einatmen nimmst du positive Energie auf (Entspannung, Liebe, Freiheit, Gesundheit, Licht, Farbe, Freude). Mit dem Ausatmen lässt du los, was dich beschäftigt (Anspannungen, Unausgeglichenheiten, Ärger, Traurigkeit). Atme auf diese Weise so lange, bis du völlig in deiner Balance, in der Liebe, der Freude und im Licht deines Zentrums bist. Danach kannst du deine Füße eincremen oder deine Fußsohlen mit einem **besonderen Öl,** das deiner Seele guttut, einölen. Warme Füße entspannen dein ganzes Sein.

Schaffe Klarheit an deinem Schlafplatz. Schüttle dein Bett auf. Lüfte dein Zimmer. Schaue, was du brauchst. Einen warmen Tee? Eine Wärmflasche? Frische Luft oder Düfte? Recke und strecke dich. Mache es dir so richtig wohlig und gemütlich.

Meditation:
Nimm nun einen **reinen Kristall.** Schaue eine Zeit lang in diesen Kristall. Kristallin ist die Energie, die das gesamte Universum durchzieht und dich mit der allumfassenden Liebe verbindet. Nimm die kristalline Energie in dich auf, und spüre, wie du in Einklang mit der kosmischen Ordnung kommst. Stelle dir vor, wie in dem Kristall ein Auge aufgeht. Hell und strahlend. Das Auge Gottes, das allsehende Auge. Alles wird gesehen. Alles wird gehört. Selbst der leiseste Gedanke. Lasse Gott dich

anschauen und in dich hineinblicken, bis in die Tiefe deiner Seele, bis in die tiefste Wahrheit deiner wunderschönen Essenz. Spüre die Klarheit, Harmonie, Allverbundenheit, Freude und Liebe, die immer da sind.

Wenn du etwas auf dem Herzen hast, so nimm es jetzt über die Atmung bewusst aus deinem Herzen, und übergib es der göttlichen Energie. Verbinde dich mit deinen geistigen Führern, deinem Schutzengel, deinen Engeln und deinen positiven Spirits, die dich von der geistigen Seite aus begleiten. Übergib das, was dich belastet, den Engeln und der Geistigen Welt. Sie kümmern sich am besten darum. Leere die goldene Schale in deinem Herzen, sodass es leicht, frei und beschwingt in die Traumwelt eintauchen kann. Wisse: Für alles gibt es eine Lösung. Alles ist im Prozess. PESA! Perfekt entfaltet sich alles!

Wenn du eine Frage hast oder eine Antwort suchst, so kannst du dir in der Geistigen Welt eine Pinnwand, ein Visionboard vorstellen, an die oder das du deine Fragen heften kannst. Die Antwort kann im Traum oder am nächsten Tag über ein deutliches Zeichen zu dir kommen.

Schlafe mit einer kraftvollen Affirmation oder einem Gebet ein. Lasse deinen Tag positiv ausklingen.

MONATLICHE ZIELAUSRICHTUNG

Konzentriere dich am Anfang eines Monats auf den vor dir liegenden neuen Monat und all seine Möglichkeiten im sichtbaren und im unsichtbaren Bereich. Lasse den Segen, die Liebe und den Schutz aus den höchsten Ebenen in den Monat fließen.

 ## Impuls

Frage dich: »Was kann ich in diesem Monat tun, damit mein Leben erstrahlt?« Schreibe eine kleine Liste der Veränderungen, die du dir in diesem Monat wünschst, z. B.:

- *Ich werde aus allem um mich herum lernen, von Menschen, aus Lebenssituationen und Ereignissen.*
- *Ich werde mir jeden Tag 30 Minuten lang Zeit für mich selbst nehmen.*
- *Ich werde …-mal (am Tag/in der Woche/im Monat) … (dein Vorhaben) und … (wofür du dies tust). (Bsp.: Ich werde 2-mal in der Woche Sport machen und meine Lebenskraft erhöhen.)*
- *Ich werde im Frieden sein mit allem, was ist.*

Wie soll dein Lebensgefühl am Ende des Monats sein? Schließe deine Augen, und fühle es.

LANGFRISTIGE ZIELAUSRICHTUNG

Formuliere deine Wünsche und Visionen als Ziele. Achte darauf, dass deine Ziele sich ganzheitlich – für dich und alle Beteiligten – positiv, kraftvoll und rundherum gut anfühlen. Lasse immer Raum für das Universum und damit für Wunder und Überraschungen.

Langfristige Ziele sind solche, die du über einen längeren Zeitraum erreichen möchtest und kannst. Kurzfristige Ziele können innerhalb der nächsten Tage und Monate erreicht werden, mittelfristige Ziele beziehen sich auf einen Zeitraum von 1 bis 3 Jahren, langfristige Ziele gehen über 5 Jahre hinaus.

Übung

Mache dir deine Ziele erst einmal locker und entspannt bewusst, indem du dir Zeit nimmst und dich fragst: »Wie möchte ich wirklich leben? Wie soll sich mein Leben in 5 bis 10 Jahren anfühlen?« Du kannst hier einfach schon einmal einen Anker setzen und eine gute Eingabe in dein Unterbewusstes machen, indem du dich in der Zukunft visualisierst. Diese Eingaben haben ihre Wirkung, auch wenn du sie zwischendurch vergessen solltest.

Frage dich Folgendes:
- »Wo möchte ich in zehn Jahren stehen?«
- »Wo möchte ich in zwanzig Jahren stehen?«
- »Auf welchen Erfolg möchte ich an meinem 60. Geburtstag zurückblicken können?«
- »Wohin möchte ich mich entwickeln?«
- »Wie möchte ich mich fühlen?«

Unterscheide zwischen mittelfristigen und langfristigen Zielen.

Mittelfristige Ziele können sein:
- sportliche Erfolge
- die nächste Stufe im Beruf
- eine Sprache erlernen
- eine Fortbildung machen

Langfristige Ziele können sein:
- eine Ausbildung oder einen Abschluss machen
- ein Haus bauen oder kaufen
- ein Unternehmen aufbauen
- ganz neue Wege gehen

Was möchtest du in deinem Leben erreichen? Was macht dir wirklich Spaß? Wo siehst du dich selbst? Was möchtest du erleben? Was kannst du ab und zu dafür tun, deine Wünsche und Visionen Wirklichkeit werden zu lassen? Bleibe hierbei entspannt und locker, im Herzen und im Vertrauen zentriert, denn vieles passiert auf geistigen Ebenen, die du nicht ermessen kannst. Das Universum hilft mit, wenn du Raum für das Unerwartete lässt und deiner inneren Führung vertraust.

DAS NEUE WIR – WUNDER UND WUNSCHERFÜLLUNG IN GRUPPEN

In Gruppen potenziert sich die Energie. Durch gezielte und gemeinsame Ausrichtung können wir Heilung erfahren und Wunder erschaffen. Ich habe schon viele Wunder in der Gruppenarbeit erfahren. Die Gruppe kann sich physisch bilden, man kann aber z. B. auch eine Whats-App-Gruppe einrichten, die sich zu einem bestimmten Zeitpunkt für 15 Minuten verabredet. Ab drei Personen kann man von einer Gruppe sprechen.

Es gibt verschiedene Variationen der Wunscherfüllung in Gruppen. Ich stelle hier eine Möglichkeit vor:

Übung

Vereinbart eine bestimmte Zeit. Setzt euch in einen Kreis. Besprecht eure Absicht: Heilung, Potenzial, Frieden … Wenn eine Person in dem Kreis Heilung braucht, so kann sie sich in die Mitte setzen. Zentriert euch alle im Herzen, und öffnet das Herz weit für die Liebe. Haltet 10 Minuten still, konzentriert eure Absicht. Ihr könnt auch chanten und, wenn eine Person in der Mitte sitzt, die Hände auf die Kraftpunkte ihres Körpers richten. Durch Ton und Klang fließt die Energie meist konzentrierter. Nach 10 Minuten kommt ihr langsam wieder im Hier und Jetzt an. Ihr könnt die Energie still nachwirken lassen oder euch austauschen.

Gemeinsam, jeder in einem Kreis, in der Blume des Lebens, könnt ihr durch die Energiebündelung und die Energielenkung – und Frieden ist eine aktive Energielenkung – Wunder bewirken!

Ausklang

Ich danke dir, dass du mir durch die einzelnen Kapitel des Buches gefolgt bist. Genieße die vielfältigen Erfahrungen der schöpferischen Kräfte, die du in dir trägst. Erlebe Segen, Erfolge und die Erfüllung deiner tiefsten Herzenswünsche.

Mögest du allzeit behütet und beschützt sein,
Rat, Liebe und Antworten finden in allen Lebenssituationen.
Mögest du den Mut haben, aufzubrechen, und die Kraft aufbringen,
den Weg deines Herzens zu gehen, und dich für neue Wege
abseits der gewohnten Trampelpfade öffnen.
Mögen die göttliche Quelle, das Licht des Himmels
auf deinem irdischen Weg leuchten
und die Engel deine Wege vorbereiten.
Mögen Umwege, Fehler und Irrwege dich nicht schrecken,
und mögest du allzeit in deinem Zentrum ruhen, bereit, zu erkennen,
zu wachsen und loszulassen.
Mögest du die Zeichen und Fügungen sehen und ihnen vertrauen.
Mögen Frieden, Glaube und Zuversicht in deinem Herzen sein,
und mögest du dich in dir selbst geborgen und aufgehoben fühlen.
Mögest du dir selbst vertrauen.
Mögen sich deine Visionen und Herzenswünsche vollständig erfüllen,
und mögest du das Wunder des Lebens sein, das du bereits bist.

In Liebe
Jeanne Ruland

Danksagung

Ein Buch kann kaum allein entstehen. Es ist stets ein Gemeinschaftswerk. So möchte ich der Geistigen Welt danken, aus der die Impulse und Inspirationen stammen, dieses Buch zu schreiben. Ich möchte mich bei all jenen von Herzen bedanken, die dazu beigetragen haben, dass du jetzt dieses Buch in deinen Händen hältst. Ich danke dem Schirner Verlag, allen voran den Verlegern Heidi und Markus Schirner, dafür, dass sie dieses Buch in ihrem Verlag publizieren. Ich danke meinen lieben Lektorinnen Kerstin Noack und Natalie Köhler für ihre gute Arbeit, der Grafikerin Elena Lebsack für die wundervolle Gestaltung und all den anderen fleißigen Helfern, vom Drucker bis zum Vertrieb. Und euch, die ihr dazu beitragt, dass dieses Wissen auf neue Weise in die Welt kommt und sich verstärkt, danke von Herzen. Möge es uns inspirieren und uns auf die schöpferischen Kräfte besinnen lassen, die wir auf beste Weise zu unserem Wohle und zum Wohle aller im Einklang mit dem Höchsten anwenden können, um das Paradies auf Erden wieder zu erinnern.

Über die Autorin

Jeanne Ruland ist Autorin, Wegbereiterin in die Neue Zeit, Engelmedium, Lehrerin und internationale Seminarleiterin. Sie unterrichtet Natur-, Engel-, Meister- und Strahlenlehre, Huna sowie die Lehre der Heiligen Geometrie. Ihre Seminartätigkeit begann im Jahr 2000. Ihr fundiertes Wissen und ihre langjährige Erfahrung in der Energiearbeit gibt sie gern weiter, um zu erinnern und zu erwecken. Sie bietet außerdem internationale Reisen zu Kraftorten an. Ihre bekanntesten Werke sind: »Das Geheimnis der Rauhnächte«, »Das große Buch der Engel«, »Die lichte Kraft der Engel«, »Die Gegenwart der Meister«, »Krafttiere begleiten dein Leben«, »ALOHA – Gelebte Liebe«, »Maria Magdalena« sowie Bücher, CDs und Kartensets zum Thema »Heilige Geometrie«. www.shantila.de

Wenn du meine Arbeit magst, so hinterlasse ein Feedback. Besuche mich im Internet auf www.shantila.de, oder folge mir auf Instagram und Facebook. Weitere Bücher von mir findest du hier: www.schirner.com

In Liebe und Verbundenheit, Jeanne Ruland

Danke

für deine REZENSION

– Gemeinsam sind wir mehr –

Liebe Leserin, lieber Leser,

von Herzen danken wir dir, dass du dieses Buch in den Händen hältst und es bis zum Ende gelesen hast. Das bedeutet uns, dem Schirner Verlag und seinen Autoren, sehr viel. Aus voller Überzeugung und mit Hingabe widmen wir uns seit vielen Jahren Themen, die unser aller Lebensqualität und Bewusstwerdung dienlich sind, und hoffen, einen Beitrag für eine lichtvollere Welt leisten zu können. Wenn dir unsere Arbeit gefällt, möchten wir dich bitten, dir einige Minuten Zeit zu nehmen, um dieses Buch zu rezensieren. Warum? Die meisten Menschen lesen Rezensionen, bevor sie ein Buch kaufen, da sie hierdurch einen Eindruck bekommen, ob und wie der Inhalt des Buches den Leser erreicht hat. Eine kurze Rezension ist dabei ebenso hilfreich wie eine lange, sehr ausführliche. Um es auf den Punkt zu bringen:

Eine Rezension ist heutzutage die beste Werbung für ein Autorenwerk!

Wenn du den Schirner Verlag und seine Autoren neben dem Buchkauf auch anderweitig unterstützen willst, dann bitten wir dich: Schreibe für jedes Werk eine Rezension – vielleicht als persönliche Leseempfehlung für die Buchhandlung in deiner Nähe oder online, z. B. beim Schirner Verlag. Das wäre nicht nur eine Wertschätzung für die Autoren, sondern kann dazu beitragen, dass die Verkaufszahlen steigen und der Schirner Verlag auch in herausfordernden Zeiten Bestand hat.

WIE SCHREIBT MAN EINE REZENSION?

Grundsätzlich sollte eine Rezension aus der eigenen, subjektiven Sicht geschrieben werden, da es sich um eine persönliche Meinung handelt. Du kannst in zwei Sätzen deine Gefühle zu dem Buch äußern oder eine längere Rezension verfassen. Falls du nicht weißt, wie du beginnen sollst, hier ein paar Anregungen:

- War das Buch leicht verständlich geschrieben? Wie hat dir die Sprache gefallen? Wie war die Aufteilung zu den verschiedenen Themen?

- War es unterhaltsam? War es deiner Meinung nach mit Herzblut und Liebe geschrieben? Wie hat es auf dich gewirkt?

- Hat es dein Herz berührt? Konntest du dich wiederfinden?

- War es tief greifend genug? Hast du viel Neues gelernt?

- Hat es gehalten, was der Titel und die Buchbeschreibung versprochen haben? Hat es deine Erwartungen erfüllt?

- Was macht das Buch besonders? Warum sticht es heraus im Vergleich zu anderen Büchern, die ein ähnliches Thema behandeln?

- Würdest du das Buch weiterempfehlen oder verschenken?

Lassen Sie mit Jeanne Ruland ...

Das Kartenset zum Buch:
Jeanne Ruland
Wünsche & Visionen
60 Impuls-Karten für Manifestation,
Intuition und Schöpferkraft
mit Anleitung
ISBN 978-3-8434-9134-1

Bestsellerautorin Jeanne Ruland gibt unseren Wünschen und Visionen mit diesen 60 Impuls-Karten Raum zum Wachsen: Von der optimalen Energielenkung über die Traumarbeit bis hin zur Schulung der Intuition halten sie alles bereit, was wir zum kraftvollen Visualisieren und Manifestieren brauchen. Mit jeder Karte machen wir einen großen Schritt in Richtung Erfüllung unserer Wünsche!

Weitere Leseempfehlungen:

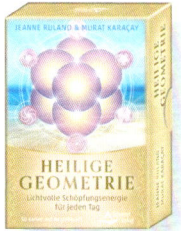

ISBN 978-3-8434-1389-3   ISBN 978-3-8434-9118-1   ISBN 978-3-8434-1340-4   ISBN 978-3-8434-9097-9

... Ihre Wünsche & Visionen wahr werden

Jeanne Ruland
Visionsbuch für die Rauhnächte
Wie wir unsere Jahresvision
Wirklichkeit werden lassen
160 Seiten
ISBN 978-3-8434-1396-1

Jeanne Ruland begleitet uns in diesem Journal Schritt für Schritt durch die zwölf Orakelnächte und zeigt, wie wir unsere schöpferischen Kräfte in die richtigen Bahnen lenken. Zahlreiche Übungen, Impulse, Rituale und Meditationen sowie viel Platz für eigene Gedanken bringen Segen, Kraft und Unterstützung für unsere Jahresvision. So können wir gestärkt und in freudiger Erwartung den kommenden zwölf Monaten entgegengehen.

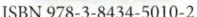

ISBN 978-3-8434-5010-2   ISBN 978-3-8434-1395-4   ISBN 978-3-8434-1355-8   ISBN 978-3-8434-9020-7

Bildnachweis

Bilder von der Bilddatenbank www.shutterstock.com:

Vor- und Nachsatz: #133118990 (©LeysanI), #539073022 (©Nuk2013), #144072169 (©Peter Hermes Furian)

Schmuckelemente auf allen Seiten: Blume des Lebens/Same des Lebens: #144072169 (©Peter Hermes Furian), goldener Glitzer: #153152849 (©Atelier M), Füllung Welle: #665578489 (©yaalan), Blüte Übungen: #412598062 (©Nikiparonak), goldener Zweig: #1070567360 (©Nikiparonak)

Weitere Bilder: S. 8 #1105015220 (©biletskiyevgeniy.com), S. 11 #1088572700 (©ju_see), S. 12 #1627197208 (©Julia Ardaran), S. 17 #1324726856 (©LedyX), S. 20 #1417350932 (©OKravtsov), S. 22 #189523253 (©Tatiana Bobkova), S. 25 #1064525450 (©GlebSStock), S. 29 #665578489 (©yaalan), S. 31 #479347021 (©marina shin), S. 33 #1065095573 (©Jannarong), S. 34 #1226369278 (©ChristianChan), S. 36 #759578713 (©Prachaya Roekdeethaweesab), S. 38 #1028163472 (©Evgeniia Trushkova), S. 43 #223835854 (©Andrey Yurlov), S. 47 #1598047783 (©ju_see), S. 48 #549725233 (©IgorZh), S. 50 #1420431278 (©Laura Crazy), S. 52 #748566607 (©somsak nitimongkolchai), S. 54 #282160217 (©Yulia Grigoryeva), S. 56 #1183301581 (©Krakenimages.com), S. 60 #547943572 (©Song_about_summer), S. 62 #1195258168 (©Dmytro Buianskyi), S. 65 #53180644 (©Alin Brotea), S. 73 #1519546553 (©JasminkaM), S. 74 #1628258389 (©Sentelia), S. 76 #1414568285 (©Dasha Petrenko), S. 78 #1561793827 (©KieferPix), S. 80 #613999181 (©ananaline), S. 83 #326676161 (©Kotkoa), S. 84 #1291900252 (©Jim H Walling), S. 87 #766886038 (©Dzmitrock), S. 88 #292597868 (©djgis), S. 89 #120250696 (©David Carillet), S. 91 #355506767 (©Romolo Tavani), S. 94 #1087516637 (©Hassan Akkas Reine), S. 99 #1101304757 (©Helena Lansky), S. 101 #651869368 (©Guitar photographer), S. 102 #1502881307 (©sun ok), S. 109 #661278448 (©Hanahstocks), S. 112 #1156189990 (©sportoakimirka), S. 117 #1038075334 (©PopTika), S. 119 #114681208 (©mythja), S. 121 #1303518970 (©Lia Koltyrina), S. 122 #1332979499 (©Maria_lh), S. 124 #211812517 (©djgis), S. 126 #1520255393 (©Aleks Kend), S. 129 #459665959 (©Rawpixel.com), S. 131 #1243826515 (©Blue Planet Studio), S. 134 #688367407 (©Yuganov Konstantin), S. 138 #407021107 (©biletskiyevgeniy.com), S. 145 #1059590489 (©IgorZh), S. 147 #525724135 (©Denis Belitsky), S. 149 #1137317777 (©Romolo Tavani), S. 150 #1282478074 (©Andrey_Popov), S. 152 #129878804 (©Dark Moon Pictures)